广东省中小学新一轮"百千万人才培养工程"系列丛书

U0754589

陈式华 著

基于学科核心素养的
中学思想政治教学

第二版

广东高等教育出版社
Guangdong Higher Education Press

·广州·

图书在版编目（CIP）数据

基于学科核心素养的中学思想政治教学/陈式华著.
2 版. --广州：广东高等教育出版社，2024. 9.
（广东省中小学新一轮"百千万人才培养工程"系列丛书）.
ISBN 978-7-5361-7730-7

Ⅰ. G633.202

中国国家版本馆 CIP 数据核字第 202432565Z 号

JIYU XUEKE HEXIN SUYANG DE ZHONGXUE SIXIANG
ZHENGZHI JIAOXUE

出版发行	广东高等教育出版社
	地址：广州市天河区林和西横路
	邮政编码：510500　电话：（020）87551597
	http://www.gdgjs.com.cn
印　　刷	佛山市浩文彩色印刷有限公司
开　　本	787 毫米×1 092 毫米　1/16
印　　张	14.25
字　　数	241 千
版　　次	2024 年 9 月第 2 版
印　　次	2024 年 9 月第 4 次印刷
定　　价	49.00 元

前 言

2016年9月，《中国学生发展核心素养》研究成果发布；2018年1月，《普通高中思想政治课程标准（2017年版）》颁布。这两个文件为当前和今后的中学思想政治教学提供了纲领性指引，标志着我国中学思想政治教学从"三维目标"时代进入"核心素养"新时代。

在学科核心素养教学新时代下，如何紧紧围绕立德树人这一根本任务高效实施素养教学？如何焕发思想政治课教学新魅力、呈现思想政治课教育新气象、谱写思想政治课立德树人新篇章？如何精准地把课程标准蓝图转化为广大一线教师教学行为？如何扎实、有效地培养学生的政治认同、科学精神、法治意识、公共参与等学科核心素养？如何在知识碎片化的浅层学习时代实现深度学习？如何开展活动型教学？发达国家如何培养学生的关键能力？诸多现实问题，是广大一线教师和教学研究人员关注的焦点。

围绕这些中学思想政治教学的常态问题，本书结合丰富的教学实例和国内外有关研究，依循"我是谁"（课程性质）—"我要到哪里去"（课程目标）—"我该怎么去"（教学路径）—"别人怎么去"（借鉴学习）的逻辑深入探讨，力图丰富广大思想政治课教师的教学方法、路径和模式。

本书共5章21节。第一章走进学科核心素养教学新时代，主要阐述中学思想政治课程性质、学科核心素养、教学品位、教学评价，是本书的总论部分，是基于学科核心素养教学的本源追溯。第二章探讨学科核心素养教学新方法，由活动型思想政治课、议题中心教学、社会活动教学、深度学习四节共同构成，结合各种实例来探讨学科核心素养教学的模式和具体方法，是本书的方法论部分，是基于学科核心素养综合培育的教学探讨。第三章创设学科核心素养培育新途径，探索政治认同、科学精神、法治意识、公共参与等学科核心素养培育的途径，是基于各个学科核心素养培育的教学探索。第四章书写模块学科核心素养教学新篇章，结合广东省优质课、广东省青赛优秀课例，探讨各必修模块素养教学，从这些优秀的课例中，凝练素养教学的共性，是本书的实例分析部分，是基于各必修模块的素养教学实践。第五章开拓学科核心素养教学新视野，介绍当前世界发达国家的素养教学，包括面向21世纪技能的美国社会科教学、美国社会科教学实例分析及启示、美国社会科课堂教学的微观视角、世界主要国家的中学思想政治教学、当代西方国家主要德育方法，供大家辩证借鉴，是基于国际视野的素养教学瞭望。

在学科核心素养教学时代下，学习力、创新力、实践力、反思力、发展力是教师的关键能力。当你静静翻开本书封面时，当你细细品味本书内容时，当你深入钻研本书内涵时，毋庸置疑，这已充分表明你是一个拥有学习力的优秀教师。如果你能在教学中大胆尝试、勇于实践、善于反思、坚持不懈，那么，恭喜你！因为你拥有成为一名卓越教师必备的创新力、实践力、反思力、发展力等素养，相信你会成为有理想信念、有道德情操、有扎实知识、有仁爱之心的好教师。

本书第一版自2018年出版以来，承蒙大家的厚爱，累计印刷3次。本次修订主要针对高中思想政治课新教材以及新课标作出回应与改动，对部分实例和案例进行了更新，使之更加适合一线思想政治课教师和准思想政治课教师（师范生）使用。

在本书的撰写过程中，本人得到全国诸多著名专家、学者的悉心指导，得到广大同仁的大力支持，在此深表感谢。由于水平和能力有限，本书难免有诸多瑕疵，敬请各位专家、学者批评指正。

陈式华

2024年6月

目　录

第一章
走进学科核心素养教学新时代

新时代要有新要求。2018 年 1 月，《普通高中思想政治课程标准（2017 年版）》①的正式颁布，标志着我国思想政治教学走进了学科核心素养教学新时代。走进学科核心素养教学新时代，思想政治课教师必须正确把握思想政治课程性质，科学理解思想政治学科核心素养，不断追求思想政治教学的更高品位，深入探讨素养时代教学评价。

第一节　正确把握思想政治课程性质

高中思想政治课程到底是一门什么课程？课程的根本任务、根本目标、育人目标是什么？等等。您能正确回答吗？也许我们常常更关注的是"怎样考""如何教"的现实问题，而较少深入思考"为什么教"的本源问题。也许我们忘记或者根本就不太清楚开设这门课程的初心和使命就匆匆而教，埋头苦教，结果却总让我们追问，为什么我如此努力，效果却不如人意？正确理解高中思想政治的课程性质，精准把握课程的育人任务和目标，是进行素养教学的前提和基础。

① 2020 年，教育部印发《普通高中课程方案（2017 年版 2020 年修订）》。本书部分涉及《普通高中思想政治课程标准（2017 年版）》的内容已根据此次修订中的《普通高中思想政治课程标准（2017 年版 2020 年修订）》更新。

一、高中思想政治课的现实困惑

在教学实践中，一线教师、学科专家（经济学专家、法学专家、政治学专家、哲学专家等）、课程专家、教学法专家、德育专家、教育管理者等对高中思想政治课程性质的认知各不相同。

部分一线思想政治课教师认为"高中思想政治课就是传授经济、政治、文化、哲学、中国特色社会主义、法律、逻辑等知识的课"；家长和其他学科的教师则认为"思想政治课就是教思想政治的课"；部分学生认为"思想政治课就是教学比较沉闷、考试难拿高分的课"；部分学校教育管理者认为"思想政治课就是讲讲思想政治知识的课，学科专业性不强，学生背背也能拿高分，缺思想政治课教师的时候，自己也能上这门课"；部分经济学、哲学、法学等学科专家认为"高中思想政治课应该多设置一些有关经济学、哲学、逻辑学、法学等专业学科的知识，为学生进入大学做好专业知识储备"。

上述不同人对课程性质理解存在一定的偏差，导致在教学实践中，高中思想政治教学的基点、原点、目标发生偏移，背离了国家开设这门课程的初衷。此外，在某些学校，思想政治课属于那种"说起来重要，做起来次要"的课程，没有真正彰显思想政治课是落实立德树人根本任务的关键课程地位。

二、全面把握高中思想政治课性质

从课程模块设置看，高中思想政治课包括中国特色社会主义（1学分）、经济与社会（1学分）、政治与法治（2学分）、哲学与文化（2学分）四个必修模块，包括当代国际政治与经济（2学分）、法律与生活（2学分）、逻辑与思维（2学分）三个选择性必修模块，还包括财经与生活、法官与律师、历史上的哲学家三个选修模块。然而，高中思想政治课到底是一门传授经济学、政治学、法学、哲学等学科知识的学科课程，是一门进行思想教育的德育课程，还是一门进行政治理论观点教育的政治课程？或是三者的综合体？如果是三者的综合体，那么，教育目标的侧重点又在哪里？

课程标准是规定学科课程性质、课程目标、内容目标、实施建议的教学指导性文件。《普通高中思想政治课程标准（2017 年版 2020 年修订）》指出，高中思想政治课程是落实立德树人根本任务的关键课程，以培育社会主义核心价值观为根本目的，是帮助学生确立正确的政治方向、提高思想政治学科核心素养、增强社会理解和参与能力的综合性、活动型学科课程。

高中思想政治课程紧密结合社会实践，讲授马克思主义基本原理，讲授马克思主义中国化成果特别是习近平新时代中国特色社会主义思想，引导学生经历自主思考、合作探究的学习过程，理解中国特色社会主义进入新时代的历史方位，了解新时代中国特色社会主义经济、政治、文化、社会、生态文明建设和党的建设进程，培育政治认同、科学精神、法治意识和公共参与等核心素养，逐步树立共产主义远大理想和中国特色社会主义共同理想，坚定中国特色社会主义道路自信、理论自信、制度自信、文化自信，基本形成正确的世界观、人生观、价值观。高中思想政治课程具有学科内容的综合性、学校德育工作的引领性和课程实施的实践性等特征，它与初中道德与法治、高校思想政治理论等课程相互衔接，与时事政治教育相互补充，与高中其他学科教学和相关德育工作相互配合，共同承担思想政治教育立德树人的任务。①

可见，全面把握高中思想政治课课程性质，可以从下面几个维度理解。

第一，从课程地位来看，它是落实立德树人根本任务的关键课程。在所有落实立德树人根本任务的高中学科课程中，思想政治学科处于关键地位，各级教育部门和各学校必须高度重视，认真实施。

第二，从课程类型来看，它是一门综合性、活动型的学科课程。即高中思想政治学科是学科课程而非活动课程，具有学科课程的逻辑性、系统性和简约性特点。各模块内容以学科知识为基础，按知识内在逻辑体系来组织。但高中思想政治学科课程有别于一般学科课程，它具有内容的综合性、实施的活动性等专有特点。而活动课程（又称经验课程、儿童中心课程）是以儿童的兴趣或需要为基础，根据心理逻辑来组织的课程，具有生活性、实用性和开放性等特点。

第三，从课程特点来看，它具有学科内容的综合性、学校德育工作的引

---

① 教育部. 普通高中思想政治课程标准（2017 年版 2020 年修订）[S]. 北京：人民教育出版社，2020：6.

领性、课程实施的实践性等特征。它和义务教育阶段的道德与法治课程具有一致性也有差异性。

第四，从课程定位来看，在纵向上，它和初中道德与法治、高校思想政治理论课相互衔接，我们需要在大中小思政教育一体化的背景下全面正确理解高中思想政治课；在横向上，它与时事政治教育相互补充，与其他学科教学和相关德育工作相互配合，共同承担思想政治教育立德树人的任务，这要求我们树立大思政课理念。

三、正确理解高中思想政治课程性质

2014 年 5 月 4 日，习近平总书记在北京大学师生座谈会上的讲话提到："青年的价值取向决定了未来整个社会的价值取向，而青年又处在价值观形成和确立的时期，抓好这一时期的价值观养成十分重要。这就像穿衣服扣扣子一样，如果第一粒扣子扣错了，剩余的扣子都会扣错。人生的扣子从一开始就要扣好。"党的十九大报告指出："青年一代有理想、有本领、有担当，国家就有前途，民族就有希望。"高中是青年期的起始阶段，是学生个性形成，自主发展，价值取向、政治方向形成及确立的关键时期。高中思想政治教育在整个高中教育阶段居于首要和基础性地位，必须旗帜鲜明地引领学生树立和践行社会主义核心价值观，坚持正确的政治方向，培育担当民族复兴大任的时代新人。

（一）从核心价值来看，高中思想政治课程是一门进行马克思主义基本观点教育的课程

高中思想政治课程具有鲜明的意识形态特质和德育功能。马克思主义基本观点教育是课程根本和首要的性质。主要表现为：①它的根本任务是立德树人。落实立德树人这一根本任务，就是要弘扬社会主义核心价值观，培养具有中华文化底蕴、中国特色社会主义共同理想和国际视野的社会主义建设者和接班人。②它的根本目的是培育社会主义核心价值观。社会主义核心价值观的基本内容是"富强、民主、文明、和谐，自由、平等、公正、法治，爱国、敬业、诚信、友善"。③它的主要内容是讲授马克思主义基本原理，讲授马克思主义中国化成果特别是习近平新时代中国特色社会主义思想。

（二）从培养目标看，高中思想政治课程是一门培养新时代学生思想政治素养的课程

高中思想政治课程培养目标是培养具有正确政治方向，逐步树立共产主义远大理想和中国特色社会主义共同理想，坚定中国特色社会主义道路自信、理论自信、制度自信、文化自信，基本形成正确的世界观、人生观、价值观，为人民服务、为中国共产党治国理政服务、为巩固和发展中国特色社会主义制度服务、为改革开放和社会主义现代化建设服务，担当民族复兴大任，有理想、有本领、有担当的时代新人。

它是对学生进行思想政治方向引导的基础课程，是帮学生"扣好人生第一粒扣子"的德育课程，在学校德育工作中具有引领性地位。高中思想政治课程具有不同于一般德育工作（如班会、团队活动）的学科课程特点。高中思想政治课程依据科学社会主义、经济学、政治学、法学、哲学、文化学等知识分科设置，将人类活动经验加以抽象、概括、分类整理，按特定知识领域的内在逻辑体系加以组织，它是系统化、学科化的德育课程。在知识学习过程中，这一门课程要实现德育价值，达成育德功能，实现立德树人根本任务。

（三）从基本功能来看，高中思想政治课程是一门提高学生社会理解和参与能力的课程

高中思想政治课程要引导学生理解中国特色社会主义进入新时代的历史方位，了解新时代中国特色社会主义经济、政治、文化、社会、生态文明建设和党的建设进程，培育政治认同、科学精神、法治意识和公共参与等学科核心素养，增强学生的社会理解和参与能力，培养德智体美劳全面发展的社会主义建设者和接班人，培养一代又一代在社会主义现代化建设中可堪大用、能担重任的栋梁之才。

（四）从学科体系来看，高中思想政治课程是一门学科综合性课程

作为学科课程，高中思想政治课是集政治教育、理论认知、社会认识、公民教育于一体的综合性课程。它对学生进行了政治素质、思想素质、道德

素质、法律素质、经济素养、文化素养、哲学素养等内容的教育。经济学、政治学、法学、哲学、文化学、科学社会主义、中国特色社会主义理论和思想都是思想政治课程的学科背景。这些学科的核心概念、原理和方法，是思想政治课程内容的基础。以下是高中思想政治课程结构表（见表1－1）和高中思想政治课程必修模块及内容（见表1－2）、选择性必修模块及内容（见表1－3）。

表1－1　高中思想政治课程结构表①

必修	选择性必修	选修
中国特色社会主义（1学分）	当代国际政治与经济（2学分） 法律与生活（2学分） 逻辑与思维（2学分）	财经与生活 法官与律师 历史上的哲学家
经济与社会（1学分）		
政治与法治（2学分）		
哲学与文化（2学分）		

表1－2　高中思想政治课程必修模块及内容

必修模块	开设时间	模块内容	育人目标	结构逻辑
中国特色社会主义	高一上学期第一学段	着眼人类社会的发展历程，立足于中国特色社会主义的伟大实践，明确中国特色社会主义是科学社会主义学科逻辑与中国社会发展历史逻辑的辩证统一，中国特色社会主义已进入新时代	帮助学生树立为共产主义远大理想和中国特色社会主义共同理想而奋斗的信念	讲述为何开创和发展中国特色社会主义
经济与社会	高一上学期第二学段	依据习近平新时代中国特色社会主义经济思想的基本原理，讲述我国社会主义基本经济制度，解析社会主义市场经济的基本特征，阐述指导我国经济社会发展的新理念	帮助学生理解全面深化改革的意义，提升在新时代参与社会主义现代化建设的能力	讲述如何坚持和发展中国特色社会主义

① 教育部. 普通高中思想政治课程标准（2017年版2020年修订）[S]. 北京：人民教育出版社，2020：10.

续上表

必修模块	开设时间	模块内容	育人目标	结构逻辑
政治与法治	高一下学期	以党的领导、人民当家作主、依法治国有机统一为主线，讲述党的领导是人民当家作主和依法治国的根本保证，人民当家作主是社会主义民主政治的本质特征，依法治国是党领导人民治理国家的基本方式	奠定学生政治立场与法治思维的基础	讲述如何坚持和发展中国特色社会主义
哲学与文化	高二上学期	阐明马克思主义哲学是科学的世界观和方法论，讲述辩证唯物主义和历史唯物主义基本观点，坚持实践的观点、历史的观点、辩证的观点、发展的观点，在实践中认识真理、检验真理、发展真理的观点；讲述社会生活及个人成长中价值判断、行为选择和文化自信的意义	为培育学生思想政治学科核心素养，奠定世界观、人生观、价值观基础	

表1-3　高中思想政治课程选择性必修模块及内容①

选择性必修	模块内容及育人目标	学业要求
模块1：当代国际政治与经济	（1）围绕当今世界多极化与经济全球化趋势，解析不同的国家性质和国家形式，说明国际关系的主要影响因素和世界经济发展的基本特点，介绍国际组织的主要类型及其作用；（2）引导学生在拓展国际视野的过程中，坚持总体国家安全观，坚定不移地走中国特色社会主义道路，积极贡献中国智慧和力量，推动构建人类命运共同体	（1）学生能够在全球视野中观察不同国家的政治制度，坚定中国特色社会主义道路自信、理论自信、制度自信、文化自信；（2）理解各国相互联系的程度空前加深，全球越来越成为相互依存的命运共同体，懂得和平与发展是时代主题、合作共赢是时代潮流；（3）解析当今世界多极化和经济全球化进程，理解国际组织在国际事务中的作用；（4）明确国家利益和国家实力是决定国际关系的主要因素；（5）具有融入国际社会的积极意愿和开放态度，自觉维护国家主权、安全、发展利益

① 教育部. 普通高中思想政治课程标准（2017年版2020年修订）[S]. 北京：人民教育出版社，2020：24，27，29，31.

续上表

选择性必修	模块内容及育人目标	学业要求
模块2：法律与生活	（1）聚焦公民依法维护合法权益的法律行为，介绍公民一般的民事权利和义务，了解婚姻家庭中的法律关系和法律责任、劳动关系的法律保障、社会纠纷的解决机制和法律程序。 （2）为学生进一步发展思想政治学科核心素养、增强法治意识，提供日常生活中的法律常识	学生能够结合生活实际： （1）更加全面地认识公民的民事权利与义务； （2）更为具体地理解婚姻家庭中的法律责任，以及与创业和就业相关的法律制度； （3）更为理性地看待生活中的矛盾和纠纷，懂得调解、仲裁、诉讼等不同的纠纷解决机制； （4）进一步提高主动学法的意愿、自觉用法的能力
模块3：逻辑与思维	（1）通过科学思维的训练，引导学生掌握科学思维的基本要求，把握逻辑思维和辩证思维的方法，提高创新思维能力； （2）学会运用科学思维探索世界、认识世界	学生能够经历探究过程： （1）明确科学思维的重要意义； （2）学会遵循逻辑思维的规律； （3）把握辩证思维的方法； （4）提高创新思维的能力； （5）提升自己的思维品质； （6）正确运用科学思维方法观察和理解社会，处理学习和生活中遇到的问题

（五）从课程类型来看，高中思想政治课程是一门活动型学科课程

《普通高中思想政治课程标准（2017 年版 2020 年修订）》提出构建以培育思想政治学科核心素养为主导的活动型学科课程，并指出"力求构建学科逻辑与实践逻辑、理论知识与生活关切相结合的活动型学科课程。学科内容以思维活动和社会实践活动等方式呈现，即通过一系列活动及其结构化设

计，实现'课程内容活动化''活动内容课程化'"①。

活动型学科课程是指学科课程采取包括社会活动在内的活动设计的建构方式，即"课程内容活动化"；或者说学科内容的课程方式就是一系列活动设计，即"活动设计内容化"。② 活动型学科课程，既秉持"活动课程"尊重学生主体地位的理念，包括学生的经验、学生的关切、学生自主选择的权利、学生自行建构知识等过程；又坚持"学科课程"以学科内容为本位，包括学科观念、思维模式和探究技能，结构化的学科知识和技能等。

四、深入把握高中思想政治课活动型学科课程特质

活动型学科课程在本质上归属于学科课程，它以学科内容为本位，具有确定的内容，用活动承载学科内容。而学科内容的载体是活动设计，它是可选择、可调整的，并不具有课程内容的意义。活动型学科课程特质主要表现在以下五个方面。

（一）课程内容的呈现

课程内容以思维活动和社会实践活动等方式呈现，是本次思想政治课程改革的一大特点，以期学科教学立足学生的真实生活，着眼学生的长远发展，与学生生活经验、劳动经历有机结合，让学生在参与社会实践活动（志愿服务、社会调查、专题访谈、参观访问、职业体验）的历练中、在经过自主辨析的思考中、在践行正确价值观的感悟中逐渐形成自觉的价值取向。

课程标准各模块的教学提示为我们设计教学活动和学科社会实践活动提供了较为清晰的指引。例如，课程标准在必修2"经济与社会"模块的教学提示中指出"可通过问卷调查或访谈，了解发展非公有制经济对经济发展和提高人民生活水平的意义""可结合企业经营活动的特点，或调研某商品的生产和销售，引用典型案例，说明市场在资源配置中如何发挥决定性作用""可查阅统计部门的资料，或通过走访政府有关部门的工作人员，了解哪些

---

① 教育部. 普通高中思想政治课程标准（2017 年版 2020 年修订）［S］. 北京：人民教育出版社，2020：2.

② 朱明光. 关于思想政治学科核心素养的思考［J］. 思想政治教学，2016（1）：4-7.

收入形式属于初次分配，哪些属于再分配；或统计家庭收入中来自初次分配和再分配的情况。……可走访当地财政部门、社会保障部门、居民等，评析政府运用再分配手段保障和改善民生的举措""可针对建设制造强国、发展先进制造业、发展现代服务业等现代化经济体系建设中的某个问题，组织调研或参观，撰写报告，提出对策建议"等。在必修3"政治与法治"模块的教学提示中指出"可走访本地人大代表，了解其履行职责的经验，分析人大代表的产生过程、活动方式和主要职责。可针对热点问题，模拟人大代表撰写议案；或举办'假如我是人大代表'的演讲会""可观看有关人大会议的录像，或旁听地方立法听证会，以'我的立法建议'为题组织讨论，解析公民有序参与立法的方式和途径。可参与社区有关规则的制定，亲身体验基层群众依法表达诉求、参与社区治理的过程"等。在必修4"哲学与文化"模块的教学提示中指出"可开展'寻找共同的文化记忆'的访谈，组织'制作家乡的文化名片'等活动。可搜集有关资料，寻找并讨论最能体现中华优秀传统文化精髓的标识""可寻找身边的榜样，感受具体的、现实的典范，为其撰写颁奖词"等。

（二）教材内容的呈现

高中思想政治必修和选择性必修教材共7个模块（7册）、21个单元、58课。高中思想政治必修教材共4册，必修1《中国特色社会主义》4课、必修2《经济与社会》2个单元4课，必修3《政治与法治》、必修4《哲学与文化》各3个单元9课；选择性必修教材共3册，每册4个单元，选择性必修1《当代国际政治与经济》9课、选择性必修2《法律与生活》10课、选择性必修3《逻辑与思维》13课。各模块各单元都由若干课和综合探究构成。单元的综合探究具有综合性、探究性、实践性、拓展性等特征，是对本单元学习的归纳与梳理、系统与整合、总结与升华、补充与应用，引导学生围绕议题，通过具体的社会实践活动和思维活动，达成对教材拓展内容的学习。综合探究一般由"探究活动目标、探究活动建议、探究路径参考、理论评析"4个部分组成，围绕"为了什么探究、探究什么、怎样探究、结语（理论评析）"而展开。在教学中，教师要重视综合探究课的教学，使理论落地、行动落实。

例如，必修3"政治与法治"模块第三单元的综合探究"坚持党的领导、人民当家作主、依法治国有机统一"。它既是第三单元"全面依法治国"的理论总括，又是整个模块核心知识的系统梳理。在"结语"部分指出"全面依法治国，必须坚持党的领导、人民当家作主、依法治国有机统一。党的领导是人民当家作主和依法治国的根本保证，人民当家作主是社会主义民主政治的本质特征，依法治国是党领导人民治理国家的基本方式。三者统一于我国社会主义民主政治的伟大实践"。也为学生实践活动提供了探究活动建议。如建议"可参与立法实践，登录人大网站了解最近的立法事件，讨论自己的立法建议，增强法治意识"。

　　教材的每一课时都由"探究与分享、相关链接、专家点评、名词点击、名人名言"构成，每一课时都有若干个探究与分享栏目。探究与分享栏目充分体现了"课堂教学的知识情境化、问题阶梯化、学习任务化、思维进阶化、成果分享化"等活动型课程的特点，连接了课时教学的情境与问题、任务与思考、知识与素养。教师在教学的时候可以充分利用好本栏目。

　　再如必修2《经济与社会》模块第一课第一框"公有制为主体　多种所有制经济共同发展"的第一个探究与分享"以小华一天的学习与生活图例展示，设问：小华在一天的学习和生活中享受了哪些服务？这些产品和服务分别由哪些所有制经济的劳动者生产和提供？"。本探究与分享的设问基于情境、链接教材、驱动思考，可作为整节课的教学导入，引领学生感知生活、走进学习。本框第四个探究与分享"有一对夫妻开了家小饭馆，取名'小南瓜'，夫妻俩既当老板又当服务员。他们把农民卖不出去的小南瓜加工成美味食品，远近闻名。随着生意越来越红火，他们租了更大面积的店铺，聘用了数十个服务人员。后来，为了把'小南瓜'打造成全国性的连锁店，他们又引进了国外投资机构的资金。设问：'小南瓜'的所有制经济形式发生了什么变化？这些所有制经济形式有什么不同？"。本探究与分享可以作为"多种所有制经济共同发展"主题的教学导入，引领学生带着问题去学习教材知识、分析情境材料、探究问题答案。

（三）活动型的课堂教学

　　活动型学科课程的着力点在于课堂教学，落脚点在社会实践。活动型课堂教学要基于真实生活情境，围绕议题展开活动，使活动成为承载内容目标的基本方式。活动型教学的要素包括：①教师提出学生思考问题的情境和路径、运用资料的方法、共同探究的策略；②课堂以议题（问题）为主线、以探究为路径，让学生主动体验探究过程、获得社会实践经历；③教师提供给学生表达和解释的机会；④教师布置开放性的活动作业。教师在活动型教学中要坚持"立足素养做活动、立足成长多放手、张弛有度做导演、循序渐进多鼓励"四原则。在本书第二章将详细探讨。

（四）辨析式的学习路径

辨析式学习充分落实学生思想认识的提升和辩证思维习惯的养成，让学生通过辨析明道理、知方向、达共识。辨析式学习的主要路径包括四步：①在范例分析中展示观点；②在价值冲突中识别观点；③在比较鉴别中确认观点；④在探究活动中引申观点。这一过程是教师引导学生相信、信服、确信、坚信根本价值标准的过程，也是学生经历建设性批判思维主导的辨析过程。唯经历如此路径，教师才能通过思维和活动真正实现有效的价值引领。

教师在点评及评价学生的辨析、判断和选择时，应做到：第一，要肯定和鼓励学生敢于表达看法的态度和勇气；第二，要善于倾听学生的不同观点及其支撑理由；第三，要针对学生表达的片面及错误观点，及时采取适当方法提示他们完善观点、纠正错误，做出正确的价值判断和选择，实现积极的价值引领，达成正确的认同。

（五）评价测试的切实保障

为确保活动的开展，评价环节可提供只有亲历活动才能达到的学业质量标准，使之不可不测、不能不为。

总之，新时代的中学思想政治课教师要秉承新思想、新理论、新观念、新方法，正确把握高中思想政治课程性质，明确培养任务和教学目标，立足于立德树人的根本任务，坚持德育为先、素养为本，通过活动型学科课程的实施，创新素养时代人才培养方法途径，培养有理想、有本领、有担当的时代新人。

第二节 科学理解思想政治学科核心素养

高中思想政治学科核心素养是什么？素养和知识、能力的关系如何？思想政治学科核心素养和学生发展核心素养的关系又如何？高中思想政治学科核心素养与义务教育阶段道德与法治的核心素养的关系如何？

一、学生发展核心素养和学科核心素养

学生发展核心素养和学科核心素养是既联系又区别的两个概念，不能把两者混为一谈。

（一）学生发展核心素养

学生发展核心素养，国外也叫"关键能力""21世纪技能"，主要指学生能够适应终身发展和社会发展需要的必备品格和关键能力。学生发展核心素养是党的教育方针的具体化，是连接宏观教育理念、培养目标与具体教育教学实践的中间环节。党的教育方针通过学生发展核心素养这一桥梁，转化为教育教学实践的具体要求。

2016年9月13日，《中国学生发展核心素养》研究成果发布。核心素养以培养"全面发展的人"为核心，分为文化基础、自主发展、社会参与3个方面，综合表现为人文底蕴、科学精神、学会学习、健康生活、责任担当、实践创新6大素养（见图1-1），具体细化为国家认同等18个基本要点。各素养之间相互联系、互相补充、相互促进，在不同情境中整体发挥作用。

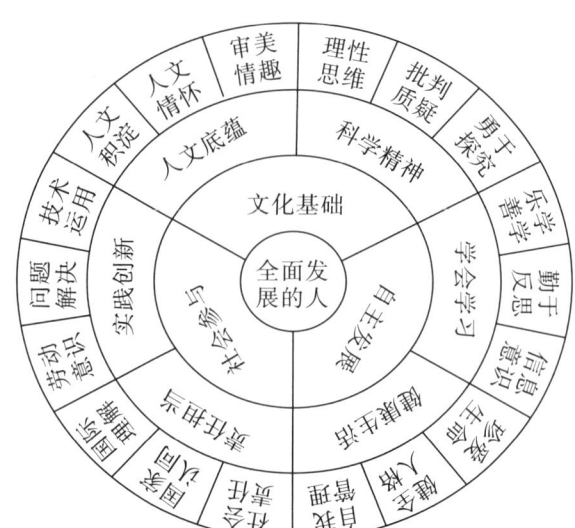

图 1-1 中国学生发展核心素养图

（二）学科核心素养

学科核心素养是学科育人价值的集中体现，是通过学科学习而逐步形成的正确价值观念、关键能力、必备品格。它不是学科核心概念、技能和方法的集合，而是学科素养与发展素养的整合，兼具学科素养和学生发展核心素养的特质，是凭借学科课程的培育而获得的。我国普通高中各学科的核心素养见表 1-4。

表 1-4 普通高中各学科核心素养总览表

学科	核心素养
语文	语言建构与运用、思维发展与提升、审美鉴赏与创造、文化传承与理解
数学	数学抽象、逻辑推理、数学建模、直观想象、数学运算、数据分析
英语	语言能力、文化意识、思维品质、学习能力
物理	物理观念、科学思维、实验探究、科学态度与责任
化学	宏观辨识与微观探析、变化观念与平衡思想、证据推理与模型认知、实验探究与创新意识、科学态度与社会责任
生物学	生命观念、理性思维、科学探究、社会责任
历史	唯物史观、时空观念、史料实证、历史解释、家国情怀
思想政治	政治认同、科学精神、法治意识、公共参与
地理	人地协调观、综合思维、区域认知、地理实践力

（三）学生发展核心素养和学科核心素养的关系

学生发展核心素养和学科核心素养是一般和个别的关系，是共性与个性的关系，而非整体与部分的关系。学科核心素养的凝练基于学生发展核心素养的培育，不能背离学生发展核心素养；学生发展核心素养的形成要依赖学科核心素养的贡献，没有各学科核心素养的培育，就不可能有学生发展核心素养的获得。

二、普通高中思想政治学科核心素养的内涵及内容

（一）内涵

学科核心素养是学科育人价值的集中体现，是学生通过学科学习而逐步形成的正确价值观、必备品格和关键能力。以下从四个方面把握思想政治学科核心素养内涵。第一，思想政治学科核心素养是学生在思想政治学科必备的正确价值观念、关键能力、必备品格；第二，思想政治学科核心素养不是天生的，而是在学习思想政治课程后形成的；第三，学生是否具备思想政治学科核心素养，具备哪层水平的学科核心素养，是检验思想政治教学效果好坏的重要指标；第四，思想政治学科核心素养不同于中国学生发展核心素养，它是中国学生发展核心素养在思想政治学科的表现。

（二）内容

普通高中思想政治学科核心素养包括政治认同、科学精神、法治意识和公共参与。这对应我国公民培养的目标，就是要培养有信仰、有思想、有尊严、有担当的中国公民。

1. 政治认同

（1）定义：我国公民的政治认同，就是拥护中国共产党的领导，坚持和发展中国特色社会主义，认同中华人民共和国、中华民族、中华文化，弘扬和践行社会主义核心价值观。

（2）内容：①认同中国特色社会主义道路是历史的必然，坚信中国特色社会主义是国家富强、民族振兴、人民幸福的根本保障，坚定中国特色社会

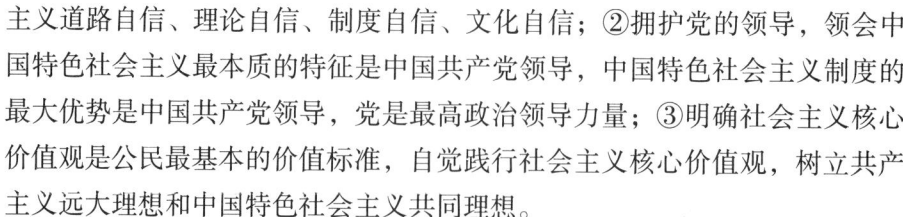

主义道路自信、理论自信、制度自信、文化自信；②拥护党的领导，领会中国特色社会主义最本质的特征是中国共产党领导，中国特色社会主义制度的最大优势是中国共产党领导，党是最高政治领导力量；③明确社会主义核心价值观是公民最基本的价值标准，自觉践行社会主义核心价值观，树立共产主义远大理想和中国特色社会主义共同理想。

2．科学精神

（1）定义：我国公民的科学精神，就是在认识和改造世界的过程中表现出来的一种精神取向，即坚持马克思主义的科学世界观和方法论，能够对个人成长、社会进步、国家发展和人类文明作出正确的价值判断和行为选择。

（2）内容：①用马克思主义基本立场、观点和方法，观察事物、分析问题、解决矛盾；②解放思想、实事求是，对经济、政治、文化、社会和生态文明建设的实践，作出科学的解释、正确的判断和合理的选择；③感悟人生智慧，过有意义的生活；④以锐意进取的态度和负责任的行动促进社会和谐。

3．法治意识

（1）定义：我国公民的法治意识，就是尊法学法守法用法，自觉参加社会主义法治国家建设。

（2）内容：①理解法治是人类文明演进中逐步形成的先进的国家治理方式，全面依法治国是国家治理的一场深刻革命，明确建设社会主义法治国家的基本要求；②树立宪法法律至上、法律面前人人平等的法治理念；③懂得权利与义务的关系，养成依法办事、依法行使权利、履行义务的习惯；④拥有法治使人共享尊严，让社会更和谐、生活更美好的认知和情感。

4．公共参与

（1）定义：我国公民的公共参与，就是有序参与公共事务、承担社会责任，积极行使人民当家作主的政治权利。

（2）内容：①具有集体主义精神；②遵循规则，有序参与公共事务；③热心公益事业，践行公共道德，乐于为人民服务；④积极参与民主选举、民主协商、民主决策、民主管理、民主监督的实践，体验人民当家作主的幸福感；⑤具备善于对话协商、沟通合作、表达诉求和解决问题的能力，勇于担当社会责任。①

5. 思想政治学科核心素养之间的相互关系

构成思想政治学科核心素养的要素不是孤立存在的，它们在内容上相互交融、在逻辑上相互依存，是一个有机的整体（见图1-2）。培养有理想、有本领、有担当的时代新人，是四要素共同承载的育人使命。

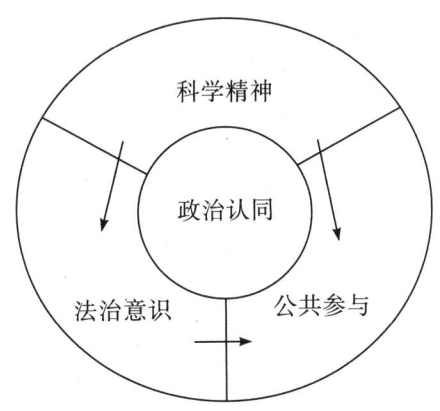

图1-2 高中思想政治学科核心素养相互关系

"政治认同"关乎学生的成长方向和理想信念的确立，也是"科学精神""法治意识""公共参与"有中国特色的共同标识。"科学精神"，是达成"政治认同"、形成"法治意识"、实现"公共参与"的基本条件；"法治意识"体现当代中国公民依法行使权利、履行义务的必备品质，是"政治认同"和"科学精神"的必然要求，也是"公共参与"的必要前提；"公共参与"体现人民当家作主的责任担当，是"政治认同""科学精神"和"法治意识"的行为表现。②

---

① 教育部. 普通高中思想政治课程标准（2017年版2020年修订）［S］. 北京：人民教育出版社，2020：4-7.

② 教育部. 普通高中思想政治课程标准（2017年版2020年修订）［S］. 北京：人民教育出版社，2020：42.

三、义务教育道德与法治课程性质、核心素养及教学建议①

教育部新修订的《义务教育道德与法治课程标准（2022 年版）》对道德与法治的课程性质、课程目标、教学建议等提出了清晰的界定和明确的要求。

（一）课程性质

《义务教育道德与法治课程标准（2022 年版）》指出：思政课是落实立德树人根本任务的关键课程，道德与法治课程是义务教育阶段的思政课，旨在提升学生的思想政治素质、道德修养、法治素养和人格素养等，增强学生做中国人的志气、骨气、底气，为培养以实现中华民族伟大复兴为己任的有理想、有本领、有担当的时代新人打下牢固的思想根基。课程具有政治性、思想性和综合性、实践性。

（二）课程目标

道德与法治课程要培养的核心素养，主要包括政治认同、道德修养、法治观念、健全人格、责任意识。

（1）政治认同。政治认同是指具备热爱伟大祖国、中华民族、中华文化、中国共产党、中国特色社会主义的情感，以及为中华民族伟大复兴而奋斗的志向，能够自觉践行和弘扬社会主义核心价值观。主要表现在政治方向、价值取向、家国情怀三个方面。政治认同是社会主义建设者和接班人必须具备的思想前提。培育学生的政治认同，有助于他们形成正确的世界观、人生观、价值观，坚定正确的政治方向，初步树立共产主义远大理想和中国特色社会主义共同理想，成为德智体美劳全面发展的社会主义建设者和接班人。

（2）道德修养。道德修养是指养成良好的道德品质和行为习惯，把道德规范内化于心、外化于行。道德修养主要表现在个人品德、家庭美德、社会

---

① 教育部. 义务教育道德与法治课程标准（2022 年版）[S]. 北京：北京师范大学出版社，2022：1，5 − 8，47 − 49.

公德、职业道德四个方面。道德修养是立身成人之本。培育学生道德修养，有助于他们传承中华民族传统美德，弘扬民族精神和时代精神，维护国家利益和安全，增强民族气节，明大德、守公德、严私德，形成健全的道德认知和道德情感，发展良好的道德行为。

（3）法治观念。法治观念是指树立宪法法律至上、法律面前人人平等、权利义务相统一的理念，使尊法学法守法用法成为人们的共同追求和自觉行为。法治观念主要表现为宪法法律至上、法律面前人人平等、权利义务相统一、守法用法意识和行为、生命安全意识和自我保护能力。法治观念是行为的指引。培育学生的法治观念，有助于他们形成法治信仰和维护公平正义的意识，做社会主义法治的忠实崇尚者、自觉遵守者、坚定捍卫者。

（4）健全人格。健全人格是指具备正确的自我认知、积极的思想品质和健康的生活态度。健全人格主要表现为自尊自信、理性平和、积极向上、友爱互助。健全人格是身心健康的体现。培育学生的健全人格，有助于他们正确认识自我、学会学习、学会生活、学会合作，养成积极的心理品质，提高适应社会、应对挫折的能力。

（5）责任意识。责任意识是指具备承担责任的认知、态度和情感，并能转化为实际行动。责任意识主要表现为主人翁意识、担当精神、有序参与。责任意识是担当民族复兴大任时代新人的内在要求。培育学生的责任意识，有助于他们提升对自己、家庭、集体、社会、国家和人类的责任感，增强担当精神和参与能力。

（三）教学建议

（1）立足核心素养，制订彰显铸魂育人的教学目标。教学目标要政治立场鲜明、价值导向清晰、行知要求明确。

（2）及时丰富和充实教学内容，反映党和国家重大实践和理论创新成果。

（3）把握思想教育基本特征，实现说理教育与启发引导有机结合。

（4）丰富学生实践体验，促进知行合一。教学要与社会实践活动相结合、注重案例教学、积极探索议题式体验式项目式等多种教学方法，通过参观访问、现场观摩、志愿服务、生产劳动、研学旅行等方式走向社会。

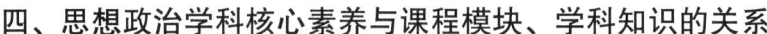

四、思想政治学科核心素养与课程模块、学科知识的关系

思想政治学科核心素养不是政治学、法学、经济学、哲学等学科素养的组装，而是着眼于课程内容的整合，依循"从具体到抽象，再从抽象到具体"的路径，即先从政治学、法学、经济学、哲学等学科内容中提炼思想政治核心素养，然后再依据思想政治核心素养确定课程内容（见图1-3）。每个素养要素都存在于每个课程模块的内容之中，每个课程模块的内容都包含全部素养要素的相关意义。

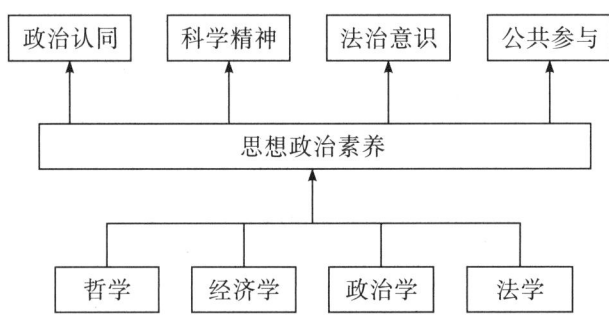

图1-3 高中思想政治学科核心素养与课程模块、学科知识的关系

例如，在"经济与社会"模块中，通过学习，学生能够结合社会实践活动，初步运用中国特色社会主义政治经济学的基本观点（政治认同），观察和分析经济社会现象（科学精神）；了解确立社会主义基本经济制度的必然性（政治认同）；理解坚持社会主义市场经济和深化经济体制改革的意义（政治认同、科学精神、公共参与）；明确社会主义基本经济制度是社会主义市场经济的根基（政治认同、法治意识）；了解我国经济社会发展的成就，树立以人民为中心的发展理念（政治认同、科学精神）；尝试对促进社会公正、实现共同富裕、营造社会风尚、完善社会保障的政策提出建议（公共参与）。

学科核心素养是经历了特定学习过程后形成的学科观念、思维模式和探究技能，是结构化的学科知识和技能。学科核心素养与学科知识之间具有正相关的关系。学科知识的积累，是造就学科核心素养的条件；学科核心素养的形成，是学科知识积淀的结果。培育学科核心素养，需要重视学科知识的学习，并且要活化知识形成能力，以育成素养。

基于思想政治学科核心素养的教学，需要正确把握立德树人的根本任务，全面落实培养德智体美劳全面发展的社会主义建设者和接班人的目标，清晰掌握学生发展核心素养的内容，深入研究思想政治学科核心素养，不断探索学科核心素养时代的高中思想政治教学的方式、方法、路径。

第三节　不断追求思想政治教学品位

基于学科核心素养的思想政治课教学是怎样的？思想政治课堂教学应该追求什么品位？是高分、高素质，还是什么？高素质能否与高分相统一？教师如何上出高品位的思想政治课？诸多问题一直困扰着广大一线教师。基于思想政治学科核心素养的教学怎样？这一问题回应的是学科核心素养教学内涵。思想政治课堂教学到底应该追求什么品位？思考的是课堂教学的价值追求。如何上出高品位的思想政治课？关注的则是课堂教学的方法策略。

一、基于学科核心素养的思想政治课教学的内涵

爱因斯坦曾说："教育无非是将一切已学过的东西都遗忘后所剩下来的东西。"遗忘掉的就是所学的具体知识和内容，而剩下来的就是所谓的能力品格（素养）。

从任务上看，基于学科核心素养的思想政治课教学以立德树人为根本任务，对学生进行正确的政治方向和价值导向引导、社会参与能力培养，培育政治认同、科学精神、法治意识和公共参与四个核心素养，逐步树立中国特色社会主义共同理想，基本形成正确的世界观、人生观、价值观，为终身发展奠定思想政治素质基础。

从路径上看，基于学科核心素养的思想政治课教学引导学生联系社会生活实际，经历自主思考、探究活动和社会实践。它是通过知识的学习来提升人的素养的一种教育活动，在知识学习中锻炼能力，形成正确的情感态度、价值观，育得素养的过程。

从内容上看，基于学科核心素养的思想政治课教学包括中国特色社会主

义、经济与社会、政治与法治、哲学与文化四个必修模块，当代国际政治与经济、法律与生活、逻辑与思维三个选择性必修模块，财经与生活、法官与律师、历史上的哲学家三个选修模块。

二、高品位的思想政治课教学特征

思想政治课不同于一般学科课程，它既是德育教育的主阵地，又是公民教育的主场所，还是有关经济学、政治学、法学、哲学学科教学的综合体。这决定了思想政治课教学需要有正确的政治方向和价值导向的指引，公民参与能力的培养，还要有个人发展素养的培养。高品位的思想政治课教学既关注学生知识获得，又着眼学生素养养成，还助力学生终身发展。高品位的思想政治课必然具备以下三个特征。

（一）彰显"人"

立德树人是教育的根本任务，思想政治把"人"放在教学的最中央，处处彰显"人"，时时围绕"人"，课堂飘溢着"人文味""人情味""人气味"。

高品位的思想政治课教学建构了充满"人文知识、人文观念、人文方法、人文情怀、人文精神、人文关怀"的人文课堂生态。思想政治课属于人文课，人文味是其重要的标签。引领学生学习人文知识（历史知识、文学知识、政治知识、法律知识、艺术知识、哲学知识、道德知识、语言知识等），理解人文思想，树立人文观念，具备人文情怀，孕育人文精神，掌握人文方法，践行人文关怀（关心人、爱护人、尊重人），是思想政治课教学理所当然的任务。学生不仅要掌握经济学的一般常识，而且要懂得以经济国、以经济民的责任担当；不仅要掌握财富创造之术，而且应懂得财富使用之道；既要学会企业经营之道，更应懂得企业的社会之责；不仅要懂得参与政治的途径和方法，而且要培育政治认同、公共参与素养。

高品位的思想政治课教学创设了洋溢"关爱、尊重、平等"的人情味课堂关系。在人工智能、慕课、翻转课堂飞速发展时代，信息技术和学科教学深度融合。然而，人工智能永远无法代替师生现场教学，其原因就在于人工智能虽然能传授知识，但不能传递教育，不能让学习充满爱与情意。著名教育家苏霍姆林斯基说过"没有爱就没有教育"。爱是通往教育成功的桥梁，教育实际是人与人心灵的交流与接触，教学既是教师对学生进行思想品德教育和传授知识的过程，又是师生共同活动、情感交流的过程。人情味的课堂是不因学生成绩差别而区别去爱，是因学生个性差异而有区别的爱，是理解学生成长的宽容之爱，是充满期待的智慧之爱。在这里，教师言传身教、以身传教；学生亲其师、信其道，尊其师、奉其教，敬其师、效其行。学生不只从教材、生活和社会学会了做事、做人，更从教师的榜样示范中学会了做人。学为人师，教化从容，行为世范，砥砺无穷。

高品位的思想政治课教学营造了具有"互动、参与、开放"的人气味课堂氛围。互动，包括师生互动、生生互动，可以分为对话互动、思维互动、角色互动。参与，包括让学生动脑、动笔、动嘴、动手、动脚，可以分为课堂参与、课后参与、模拟参与、真实实践。开放，就是时间开放、空间开放、思维开放、答案开放……简而言之，就是充分发挥学生的主体地位，让学生充分参与、主动参与、乐于参与。

（二）凸显"生"

一是生本的主味。思想政治课要把"学生"放在教学的最中央，学生是教育教学的原点、基点和终点，课堂教学无论哪种味道都不能淡化生本味。所谓的生本，不是以学生知识获得为本，而是以学生的素养获得为本；不是以"分"为本，而是以学生的终身发展为本；不是以教师的教为本，而是以学生的学为本；不是以教师的教学水平为本，而是以学生的学习效果为本。以生为本，并不意味着淡化教师的作用，而是更强调教师教的艺术、教的理念、教的能力，要求到位而不错位、无形而有形，凸显学生的成长，关注学生的发展。

二是生活的气味。一节好的思想政治课，必须下接地气、上跟时代，贴近潮流，走进学生，来源生活，回应生活，回归生活。选用的事例应是最贴近学生的，所用的语言应是生动易懂的，素材应来自生活，解决的是学生对生活的思考和追问的，回答的是学生关注的生活事件，探讨的是从教科书扩展到所有学生关注的、有意义的题材。在教学过程中，教师"要恰当运用哲学、经济学、政治学、法学等学科的基本概念和方法，努力把基本观点、原理融入生活题材之中；结合应用性常识，围绕学生关注的社会生活问题组织教学"①。不仅教学素材、教学主题是生活的，而且教育应该回归生活，让学习服务生活。教育应该充实学生的生活，使学生能够适应生活、热爱生活。

三是生成的鲜味。教师进行教学的时候，课堂预设很重要，教学目标、教学流程、教学内容、教学素材、教学方法、教学手段、教学环节都应该进行精心的准备。优秀的教师"台上一分钟，台下十年功"。课堂预设的重要性，并不意味着课堂教学就应按部就班、一成不变。教师面对的是活泼、个性不一的学生，课堂是互动的、充满灵气的，学生的回答和思考是多维的、立体的，不可能完全按教师的预设进行。这需要教师重视课堂生成，根据课堂教学的实际、学生的回答和反应不断地调整教学预设。教学的精彩往往就在于课堂的生成和灵动。

四是生动的趣味。教师风趣幽默、富有哲理的口头语言，丰富形象的肢体语言，宽松向上的学习氛围，通俗易懂的讲解，互动的游戏，有趣的体验，真实的模拟，富有激励的鼓励，都能让课堂充满生机和活力。

(三) 富有"意"

教学必须教有所学、学有所得、学有所获、学富有意。这种"意"表现为能引领学生喜迎生活、启迪智慧、点亮人生。

一是喜迎生活的价值味。即所学的知识的应用价值，学习的知识应该是对学生认识社会、理解人生、回归生活有用的知识。通俗地说，就是学生感觉学习这门学科"有用"。"有用"包括两个方面：①所学的知识能回归生活、解决实际问题，切实提高学生参与现代社会生活的能力，而不是脱离生活的、形而上的、空洞的说教。例如，通过学习"经济与社会"模块，学生能获得参与现代经济生活的必要知识和技能，包括"投资""理财""就业""消费""交易""企业生产经营""劳动者维权"；通过学习"政治与法治"模块，学生能切实有序地参与政治生活，维护自身合法权益，正确地分析国内外各种政治事件。②所学的知识能启迪学生思想，点燃学生智慧，帮助学生睿智地看世界、辩问题、处事情。即增强学生的价值判断能力、价值选择

---

① 陈式华. 让思想政治课堂多点"人生回味"[J]. 中国德育，2015 (24)：68-71.

能力、价值塑造能力，引领学生健康成长①。例如，哲学的唯物主义世界观、辩证法、价值观、人生观等。通过学习"哲学与文化"模块，学生能自觉地拒绝腐朽文化、落后文化；能树立文化自觉和文化自信，正确地对待外来文化和传统文化。

二是启迪智慧的学术味。学术味是指教师对所教知识能科学、正确、系统地把握其来龙去脉、前因后果，对模糊的、不清楚的知识不能想当然、知其一不知其二。学高方可为人师，高中思想政治课涉及的专业知识非常多，包括经济学（马克思主义政治经济学、西方经济学、微观经济学、宏观经济学）、政治学（西方政治制度、中国政治制度）、哲学（马克思主义哲学、中国哲学、西方哲学、当代哲学、美学、伦理学）、文化学（中国传统文化、西方文化、西方文明史）等知识，要求教师不断学习提升自己。同时，思想政治课必须紧跟时政新闻，思想政治课教师必须较为准确、全面地掌握这些时政新闻的背景、内涵、影响，给学生传授的时候才能做到准确讲解。课堂的学术味，既要求教师必须努力提高自己的学科素养，又要求教师能够用通俗易懂的语言来讲授知识。学术味并不是教师用很多专业术语来装饰自己，把简单问题复杂化、具体事情抽象化，恰恰相反，学术的知识需要教师用通俗的语言、生动的比喻、形象的事例来传授。

三是点亮人生的思想味。思想政治课堂的思想味是指课堂教育能启迪心智、人生，让学生学会睿智地看人、看事、看世界。思想味包括"富强、民主、文明、和谐，自由、平等、公正、法治，爱国、敬业、诚信、友善"的社会主义核心价值观，包括"对中国特色社会主义的政治认同、思想认同、理论认同、情感认同，不断增强的道路自信、理论自信、制度自信、文化自信"，包括"热爱祖国、热爱人民、热爱中国共产党"的淳朴感情，包括中华传统美德"仁、义、礼、智、信、孝"，还包括个人的乐观积极向上、奋发有为的精神。总之，它就是用一切向上的正能量来培养学生的情感、态度、价值观。这种思想味不是来自灌输，而是来自教师的言传身教。教师必须率先垂范、以身作则，引导和帮助学生把握好人生方向，特别是引导和帮助青少年学生扣好人生的第一粒扣子。这种味道来自课堂教学的潜移默化，来自学生的自我品味和觉悟。

---

① 陈式华. 让思想政治课堂多点"人生回味"[J]. 中国德育，2015（24）：68–71.

三、追求高品位的素养教学

（一）素养至上，三位一体

1. 从教学目标角度看，学科核心素养教学是素养目标和三维目标的统一体

教学目标经历了从"基础知识、基本能力"的"双基"目标，发展到2004年课程改革的"知识、能力、情感态度价值观"的三维目标，再到本次课程改革的学科核心素养目标。学科核心素养目标不是对三维目标的抛弃，而是对三维目标的丰富和发展。"知识、能力、情感态度价值观"的三维目标是一个纵深发展的目标，是一个不断进阶、不断发展的深度。学科核心素养则是一个区别其他学科的本学科特质，是一个横向培养目标。从横向角度看，思想政治学科核心素养教学包括了政治认同、科学精神、法治意识、公共参与四个学科素养目标；从纵向角度看，每个思想政治学科核心素养教学均包括知识、能力、情感态度价值观三维目标。

例如，在必修1"经济与社会"模块的"更好发挥政府作用"教学设计中（见附录一），通过搜集党和政府在粮食安全、耕地保护、惠农政策等方面的资料，理解并掌握社会主义市场经济体制的基本特征，认同党的领导核心作用和社会主义市场经济体制的优势，增强政治认同；通过对助农措施等具体例子的理解，帮助学生准确辨认政府的经济职能，理解其作用；通过了解粮食消耗的情况，围绕"节约粮食、珍惜粮食"的主题为学校饭堂写一则宣传标语，提高学生公共参与的能力。

2. 从教学目标的实现路径看，学科核心素养教学以学科知识为起点，在学习过程中培养能力、形成情感态度价值观，最终达成素养目标

教学是通过对知识的学习来提升人的素养的一种教育活动。在教学的产生和维持、人的成长和发展中，知识都是必不可少的养料，没有了知识，教学活动便成为无源之水、无本之木。但教学绝不能止于知识，教学的根本任务是立德树人，知识只是人的素养中最浅层的表面。如果教学不能把知识转化为能力，学生缺乏品德修养和迷失方向了，这种教学就不能提升人的素养。当前教学的主要问题是把作为工具、媒介、手段、材料的知识变成了教

学唯一或者主要目标，学生有知识却没能力、缺素养已成为时下教学最突出、最致命的问题。

知识是基础，学科教学要从知识入手，化知识为能力，融知识能力为素养。在知识与素养的关系中，能力处于一个特殊的位置，它是素养的载体和具体表现，又是"知识"到"素养"的必经之路。学科教学应该着力于"关键能力"，进而形成"学科核心素养"。但学科知识是不能直接转化为素养的，简单的复制、记忆、理解和掌握是不能形成素养的。只有通过学科活动对学科知识进行加工、消化、吸收，以及在此基础上的内化、转化、升华，素养才能达成。

从能力到素养，不是自然和必然的。有能力不一定有素养，有素养必然有能力。"能力"内化为"素养"，需要价值引领、态度护航、情感保驾；需要有正确的价值、积极的态度、正向的情感。

情感态度价值观是关系素养的品格和价值。情感态度价值观具有认知和内化两个层次。只有把认知层次的情感态度价值观内化为学生的品格，转化为学生的精神世界，使学生成为一个精神丰富、品位高雅、品性高尚的人，情感态度价值观维度的目标才会有终极的意义。认知若没有内化为品格、外化为行动，就没有成为素养的意义。

人的素养的培育和形成，不是无目的、无方向的，而是有"法"可依、有"路"可循的。好的学习方式既是知识转化为能力的重要条件，又是能力转化为素养的必备要求。自主、合作、探究是一种学习方式，也是一种学习能力。其中，探究是所有学习方式中的"关键方式"和"关键品质"，甚至可以说，探究的本身就是素养的一个重要组成部分。

（二）真实情境，议题引领

一直以来，接受式学习、讲授式教学是课堂教学的常态，学生只是一个等待填充知识的容器，学生的创新能力、实践能力严重缺乏。学生在学校学习中所获得的学科知识或技能之所以较难应用到现实生活中去，关键就在于学习所依存的情境被人为地过于简化和抽象，丧失了与现实生活的连接。

长期以来，学校教育包括学科专家重视抽象形态的知识（理论、概念、体系、原理），以及轻视感性形态的知识（方法、技能、方案、措施），在基础教育阶段，这种做法是不科学的。从培养目标上看，这是试图把学生培养成学科的学术专家，如中学数学教师企图把所有的学生都培养成数学家，而忽视了中学只是基础教育阶段的事实，基础教育是为学生全面发展服务，而不是培养专门人才的。从教学效果上看，这种观念基本的假设，只有脱离具体情境的、高度概括抽象的知识，才容易向新情境中迁移，才能适应现实世界中环境的不断变化。但现实是，如果抽象形态的知识要迁移到一个特定的新情境中，抽象形态知识与这个特定情境相关的感性形态知识之间存在着复杂的相互作用、相互协调、相互转化关系。这两种形态的知识往往难以协调、转化，知识迁移较难成功，这也是学生高分低能的重要原因。从教学生态来看，抽象知识脱离具体情境就会枯燥干涩，可以说是无趣、无肉、无体，只能成为僵化的理论，无法成为鲜活的指引，反而成为学生学习的障碍。因此，我们必须在教学起点和载体上进行教学改革，在素养至上、三位一体的教学目标指引下，学科核心素养教学应该基于真实情境生活，以真实主题作为探究的议题。只有真情境，才有真问题、真思考、真效果，才算真学习。思想政治学科的真实情境包括真实的经济生活、政治生活、法律生活、文化生活、社会生活，以及学生或者公民的个人生活困惑思考……这些素材可以来自时政热点、社会关注点、学生困惑点。生活情境产生现实问题，现实问题成为学习议题。可以说，生活处处有议点，教学时时有议题。

例如，在"经济与社会"模块中，我们可以基于某件商品价格的变化走势图来探究影响价格的因素；基于共享经济的发展探究市场对资源配置的决定作用。在"中国特色社会主义"模块中，我们可以基于国家发展所取得的伟大成就来树立道路自信、理论自信、制度自信、文化自信，拥护党的领导，坚持党的领导、依法治国、人民当家作主的统一。在"哲学与文化"模块中，我们可以通过分享同学们日常生活、学习中的困惑，探讨人生观、价值观，学会用辩证思维看问题，坚持一切从实际出发，树立崇高的理想，做出正确的价值判断和价值选择；通过中国诗词大会的火热，探究优秀传统文化之美。在"政治与法治"模块中，我们可以通过某 11 岁少年骑共享自行车发生车祸的案例来探讨如何树立法治观念，成为守法公民。

思想政治课堂是最鲜活、最接地气、最贴人心的课程，社会经济、政治、文化、法治生活给我们无限的素材。但真实情境并不能自然地成为素养教学的素材，教师只有树立真实情境教学意识，关注生活、发现情境、巧设议题，才能发挥素材的价值。基于真实情境的议题教学途径见图 1-4。

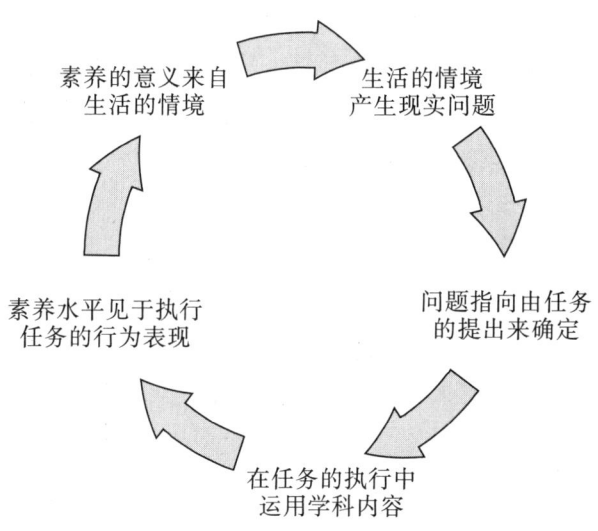

图1-4　基于真实情境的议题教学途径

（三）活动探究，辨析生成

教学活动主要包括社会活动教学和课堂活动教学。探究是一种学习方式，辨析是一种思维发展路径。社会活动教学是指学生结合学科模块内容，通过社会调查、服务学习、志愿服务、公共参与、职业体验、研学旅行等方式积极参与社会活动，在社会中学习，向社会学习，为社会学习的教学方式。课堂活动教学是指通过基于真实生活情境、案例、问题的活动议题，进行自主合作探究性学习，达成包括价值引领和学科内容在内的素养目标，区别于接受式、被动型、讲授式教学的课堂教学方式。

当前信息环境和学生成长的时代性、阶段性特点，要求唯有尊重学生自主辨识、选择的权利，引领他们经历以建设性批判思维为特征的辨析过程，才能使其真学、真懂、真信、真用。辨析式教学充分落实学生思想认识的提升和辩证思维习惯的养成，让学生通过辨析，明道理、知方向。在进行辨析式教学的时候，要坚持立德树人方向，充分体现素养导向；以理服人，充分体现思维进程；静待花开，充分体现引导过程；理例结合，充分体现教学策略；内化生成，充分遵循认知规律。

"辨析式"的学习路径就是在范例分析中展示观点，在价值冲突中识别观点，在比较鉴别中确认观点，在探究活动中引申观点，是教师引导学生相信、信服、确信、坚信根本价值标准的过程。而就学习方式而言，这一过程，就是学生自主经历由建设性批判思维主导的辨析过程（见图1-5）。

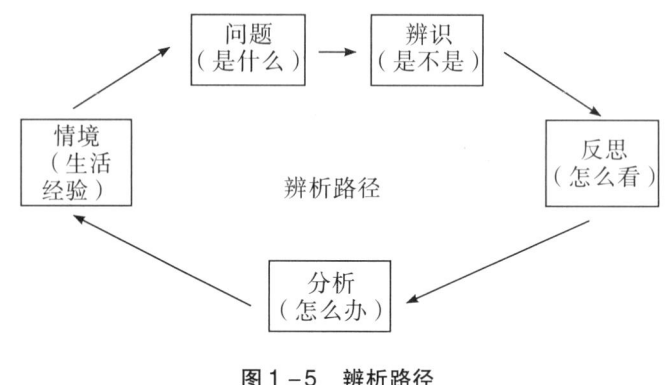

图1-5　辨析路径

总之，素养教学要转变教学路径，从"目标—策略—评价"的以教育者为中心的教学逻辑发展为"活动—体验—表现"的以学习者为中心的教学逻辑。

第四节　深入探讨核心素养时代教学评价
——以广东省高中思想政治青年教师教学能力大赛为例

新课程关于学科核心素养培养的宏伟蓝图和课程设计落地的关键在于教师的教学情怀、教学理念、教学素养、教学方法、教学实践。落实核心素养教学，促进教师专业素养发展，提升课堂教学水平，必须不断探讨核心素养时代课堂教学评价的观测点和促进教师专业素养发展的路径。除了全员培训、教师继续教育这些传统路径，举办各级别的优质课比赛是一条非常高效的路径。

一、核心素养时代的教师基本功观测

观测一个思想政治课教师教学基本功的路径和方法多样（如考查教育理论、教学技能、学科知识、命题解题能力等），观测的形式也多样（如闭卷考试、说课、答辩、演讲等）。基于多年的实践和思考，2016年广东省中学

思想政治优质课比赛、2017 年广东省首届和 2019 年广东省第二届高中思想政治青年教师教学能力大赛学科基本功比赛环节都采取了时事开讲、教师素养演讲两种形式。2021 年、2023 年广东省第三、第四届高中思想政治青年教师教学能力大赛依全国中小学思政课教师教学基本功展示交流活动要求，有所调整：2021 年省青赛①调整为"教学设计、时事述评视频、说课视频、授课视频"和现场 15 分钟时政述评两个环节；2023 年省青赛调整为"教学设计、教学课件、时事述评课件"和现场 15 分钟时政述评两个环节，取消了"说课"项目。

（一）时事开讲（时事述评）

1. 设立依据

《普通高中思想政治课程标准（2017 年版 2020 年修订）》明确提出，高中思想政治课与时事政治教育相互补充。时事政治是思想政治教育的重要内容，基于真实情境是素养教学的重要特征，时事是思想政治教学最鲜活的情境、最真实的生活；对时事热点的敏锐力、精准把握力、深入分析力、高效分享力是优秀思想政治课教师必备的基本素养。

2. 内容形式

2016 年、2017 年、2019 年的时事开讲选手在 8 分钟内就大赛前 6 个月内的时事（话题由赛前一天抽签决定，开讲顺序由赛前 30 分钟抽签决定；内容主要从经济、政治、文化、国际时政等四个角度选题）进行讲授，形式不限。要求符合党和国家方针政策、法律法规，坚持正向引导，科学准确、生动高效理念。

例如，2017 年拟定的时事开讲题共 8 题：①2017 年全国大众创业万众创新活动周；②防范金融风险：既要防"黑天鹅"，又要防"灰犀牛"；③习近平新时代中国特色社会主义思想；④十二届全国人大常委会第 29 次会议经表决通过了《中华人民共和国国歌法》；⑤国家监察体制改革开启进行时；⑥从习近平主席和美国总统特朗普会晤看中美新型大国关系；⑦习近平主席和美国总统特朗普会晤为何从故宫开始；⑧中国新四大发明：高铁、支付宝、共享单车和网购。而 2019 年时事开讲主题包括十九届四中全会、

---

① 即广东省高中思想政治青年教师教学能力大赛。后同。

中华人民共和国成立 70 周年伟大成就、深圳获批建设中国特色社会主义先行示范区、共和国勋章、中美贸易摩擦、第二届国际进口博览会、区块链、猪肉价格上涨等。每 3 位选手抽取同一主题进行竞讲，大赛并不是采取两两 PK 形式，只要表现优秀，竞讲选手同样可以出线。

自 2021 年第三届省青赛起，根据教育部举办的全国中小学思政课教师教学基本功展示交流活动的要求，时事开讲环节调整为时政述评环节，时长要求不超过 15 分钟。第三届省青赛时事述评的内容依据《2021 年全国中小学思想政治理论课教师教学基本功展示交流活动方案》而定，即"时政述评内容可从《习近平新时代中国特色社会主义思想学习问答》（中共中央宣传部组织编写）中选择，结合学生学段特征和课程教材有关内容，分析时政热点，开展时事教育，引导学生了解国情世情，坚定理念信念，激发爱党爱国热情，增强社会责任感和使命感"。第四届省青赛时事述评的内容和国赛一致，即"结合学生学段特征和课程教材有关内容，紧密围绕党的二十大精神，分析时政热点，开展时事教育，引导学生了解国情世情，坚定理念信念，激发爱党爱国热情，增强社会责任感和使命感"。

3. 评价参考标准（见表 1-5）

表 1-5　时政述评（现场）评价参考表

选手编号＿＿＿＿＿＿＿　　　主题＿＿＿＿＿＿＿＿＿＿＿＿＿＿＿＿＿

评价指标及权重	评价项目	得分
内容分析及效果达成（40 分）	1. 具有正确的政治方向，思想性强；具有鲜明的育人导向，时代性强。引导学生树立坚定的理想信念，永远听党话、跟党走，矢志奉献国家和人民	
	2. 目标全面清晰，不仅关注知识的传授，更注重学科核心素养培育	
	3. 符合学生的认知水平和年龄特征，适切性强。准确、生动分析内容，有高度、有温度、有深度、有广度、有远度地对时政材料分析讲解。突出重点，讲解具有针对性、创新性、生动性	
	4. 教学效果具有全面性。能引导学生了解国情世情，坚定理念信念，激发爱党爱国热情，增强社会责任感和使命感	

续上表

评价指标及权重	评价项目	得分
述评过程 （40分）	1. 方法灵活多样，注重激发学生兴趣，强化政治引领和价值引导	
	2. 活动设计具有针对性和吸引力，注重思维启迪，引导学生辩证全面、有理有据地分析问题	
	3. 教学资源具有权威性和吸引力	
	4. 将时政中的"事"和思政中的"理"有机结合	
专业素养 （20分）	1. 政治立场坚定	
	2. 具备一定的国际视野和历史视野	
	3. 教态自然，仪表端庄；讲述亲切、生动	
	4. 普通话标准，语言表达清晰、简练；解析精准，富有感染力	
	5. 课件精美；素材使用规范恰当	

（二）教师素养演讲

1. 设立依据

演讲特别是限时的主旨演讲，能真实考查教师的口头表达能力、语言组织能力、逻辑思维能力、临场反应能力，能真实反映教师核心素养。围绕素养设置的主旨包括了"教育理想""教育情怀""教学追求""专业阅读""立德树人"等，能有效地引导教师素养发展方向。教育理想引领教师教学的方向，决定着教育的高度。教育情怀是激励教师不断追求更高教学艺术的动力，决定着教育的远度。教学艺术是教师教学的能力追求，决定着教育的厚度；专业阅读是支持教师教学的功底，决定着教育的深度。

2. 内容

2017年省青赛选手围绕"立德树人""践行社会主义核心价值观""弘扬中华优秀传统文化""依法治国""创新精神""教育情怀（教育理想）""素养教学""我心中的思政课（我难忘的一节思政课）""我是这样的一位思政教师""我喜欢的一本经济学著作""我喜欢的一本哲学著作""我喜欢

的一本政治学著作"等主旨进行 6 分钟的演讲,演讲主旨在赛前 6 分钟抽签决定。而 2019 年的主旨为"学习《习近平新时代中国社会主义思想学习纲要》《习近平新时代中国特色社会主义思想三十讲(标准版)》《平语近人:习近平总书记用典》《习近平讲故事》等""铸魂育人,立德树人""我给学生心灵埋下真善美的种子,引导学生扣好人生第一粒扣子""坚持'八相'统一,增强思想政治课的思想性、理论性和亲和力、针对性""难忘的一节思想政治课""我是这样感染学生、赢得学生、感召学生的""做一个'六要'思政教师""我自豪,我是一个思政教师"。

3. 评价参考标准(见表 1-6)

表 1-6 教师素养演讲展示评价表

评价指标及权重	评价项目	得分
演讲内容 (30分)	主题鲜明、内容鲜活,突出立德树人、全面发展(10分)	
	观点正确、鲜明,主题深刻、集中,角度新颖、得当,材料典型、充分(10分)	
	事、情、理交融,逻辑严谨,说服力强(10分)	
演讲技巧 (30分)	普通话标准,口齿清晰,语音纯正(5分)	
	语言生动,富有激情,逻辑性强,语气、语调、声音、节奏恰当变化,轻重缓急,抑扬顿挫,切合演讲内容;能准确、恰当地表情达意,富有感情(10分)	
	肢体语言自然、得体,能准确、直观、灵活地表达演讲内容和思想感情(10分)	
	服饰大方、自然、得体,举止从容、端正,精神饱满,态度亲切(5分)	
演讲效果 (30分)	演讲精彩,具有强大的鼓舞性、激励性、说服力、感召力和召唤力,能触及灵魂,感动心灵,深入内心,使人深受教育和启迪(30分)	
演讲时间 (5分)	若超时,每分钟扣1分	
脱稿 (5分)	表现熟练(5分)	

自 2021 年第三届省青赛起，高中思政学科省青赛决赛阶段不再设置教师素养演讲环节。但高中、初中、小学各学科决赛的总决赛环节，主要通过演讲和答辩考查教师教育素养。省青赛总决赛分为两个环节：第一环节为 8 分钟教育理念演讲与 5 分钟答辩；第二环节为 5 分钟教育教学即兴演讲。参赛教师可在赛前准备教育理念演讲稿，现场 8 分钟完成演讲；5 分钟完成有关教育教学的答辩；现场抽取教育教学的即兴演讲试题，5 分钟内完成即兴演讲（1 分钟思考，4 分钟完成即兴演讲）。总决赛成绩中，教育理念演讲与答辩占 60%，教育教学即兴演讲占 40%。

（三）单元整体教学设计

根据全国中小学思政课教师教学基本功展示交流活动的要求，从第三届省青赛开始，比赛增加单元整体教学设计一项，单元整体教学设计内容来自国家统编《思想政治》必修教材，按要求提供 1 个课时教学设计（模板如下），6 000 字左右。

表 1-7　单元整体教学设计模板

单元教学设计	
单元名称	

1. 单元教学设计说明（依据课程标准的要求，简述本单元学习对学生核心素养发展的价值；简要说明教学设计与实践的理论基础）

2. 单元目标与重点难点（根据课程标准和学生实际，指向学科核心内容、学科思想方法、核心素养的落实，设计单元学习目标，明确重点和难点）

3. 单元整体教学思路（介绍单元整体教学实施的思路，包括课时安排、教与学活动规划，以结构图等形式整体呈现单元内的课时安排及课时之间的关联等）

续上表

课时教学设计

课题	

1. 教学内容分析（分析本课时教学内容在单元中的位置，学习内容对发展学生核心素养的功能价值，蕴含的正确价值观念等）

2. 学情分析（分析学生与本课时学习相关的学习经验、知识储备、学科能力水平、学生兴趣与发展需求、发展路径等）

3. 目标确定（根据课程标准和学生实际，指向学科核心内容、学科思想方法，描述学生经历学习过程后应达成的目标）

4. 学习重点难点

5. 学习活动设计

教师活动	学生活动
环节一：（根据课堂教与学的程序安排）	
教师活动 （教学环节中呈现的学习情境、提出驱动性问题、学习任务类型等）	学生活动 （学生在真实问题情境中开展学习活动，与教的环节对应）
设计意图（简要说明教学环节、学习活动等，组织与实施意图，说明活动对目标达成和学生发展的意义，说明如何在活动中达成目标，关注课堂互动的层次与深度）	

续上表

环节二：

教师活动	学生活动

设计意图

......

6. 板书设计（板书完整呈现教与学活动的过程，最好能呈现建构知识结构与思维发展的路径与关键点）

7. 作业与拓展学习设计（关注作业的针对性、预计完成时间，发挥作业对复习巩固、引导学生深入学习的作用）

8. 特色学习资源分析、技术手段应用说明（结合教学特色和实际撰写）

9. 教学反思与改进（教与学的经验性总结，基于学情分析和目标达成度进行对比反思，教学自我评估与改进设想）

10. 学习评价设计（从知识获得、能力提升、学习态度、学习方法、价值观念培育等方面设计过程性评价的内容、方式与工具等；过程性评价要适量、适度，通过学生的行为表现判断学习目标的达成度）

（来源：全国中小学班主任基本功和思政课教师教学基本功展示交流活动）

（四）学科基本功成绩

2023 年第四届省青赛包括"单元整体教学设计""时政述评""现场课堂教学"三部分。其中"单元整体教学设计""时政述评"属于教学基本功部分，占总成绩的 50%，其中现场时事述评占总分的 30%。教学基本功总分前 10 名的选手进入现场授课环节（若出现同分情况，以现场时政述评的得分高低排序），现场授课环节占总分的 50%。

二、学科核心素养时代的教师课堂教学观测

学科核心素养时代的课堂教学，必须彰显立德树人，凸显学生发展为本，紧紧围绕学科核心素养，重视学生实践能力、创新能力的培养。为了更好地对授课教师进行课堂教学观测，我们拟定了高中思想政治学科能力大赛课堂教学观测评价表，从"教学目标""教学过程""教学素养""教学效果"四个维度进行观测。评价参考标准见表 1 - 8。

表 1-8 高中思想政治学科能力大赛课堂教学观测参考表

选手编号＿＿＿＿＿＿＿＿＿＿＿　　教学主题＿＿＿＿＿＿＿＿＿＿＿＿＿＿＿＿＿＿

评价指标	评价内容	分值	得分
教学目标 （10 分）	1. 围绕立德树人，以学生发展为本。凡是立足应试教育者，本项最高得分不得高于 1 分	4	
	2. 彰显铸魂育人，立足学科核心素养。凡是立足知识目标者，本项得分不得高于 1 分	3	
	3. 学科核心素养目标科学、准确、清晰、具体	3	
教学过程 （35 分）	4. 建立了以学生发展为本的新型教学关系	5	
	5. 基于真实生活情境	3	
	6. 采取自主、合作、探究学习方式	5	
	7. 设问艺术，能激发学生高阶思维，促进深度学习	5	
	8. 强化学生关键能力培养，培养认知能力、合作能力、实践能力、创新能力	5	
	9. 运用先进适切的教学方式、学习方式、教学组织形式和教学手段、学生评价方式	5	
	10. 应有信息化教学、人工智能等现代信息技术应用	2	
	11. 课堂生动有趣，寓教于乐，学生积极参与，师生同场、教学同步	5	

续上表

评价指标	评价内容	分值	得分
教学素养 （30分）	12. 教学设计创新、优质、清晰、精准、原创	5	
	13. 教学课件精致、精准、优质、创新、原创。教学设计和课件30%以上内容抄袭，则第12、第13项为0分	5	
	14. 教学板书有特色、有价值、有亮点、有创新	5	
	15. 教学语言精练、生动、清晰、标准	5	
	16. 教学仪态优美、得体，彰显平等的师生关系	5	
	17. 教学智慧机智、灵动、生成	5	
教学效果 （25分）	18. 立德树人任务得以高效、优质、真实落实	10	
	19. 实现知、情、意、行相统一	5	
	20. 学科核心素养目标得以高效优质完成	5	
	21. 学生在学习中获得感、幸福感强	5	

注：本表为量化评价表，请逐项据实打分，并统计总分。其中，教学设计依据选手递交的教学设计进行评价。

比赛不是举办活动的目的，而是促进教师教学能力发展的一种高效形式，其目的是为教师提供交流切磋的平台，促进教师专业发展。特别是比赛准备前期的集体备课、磨课环节，是教育理念、教学技术、教学方法的实践探索。除了举办各种比赛促进教师教学水平的提高，区域内、校际、学校内举行的同课异构、同课再构、同课继构、异课同构、接力课等课堂教学交流形式也是促进教师专业发展的重要途径。

三、学科核心素养时代的教师素养观测新思考

2016年广东省中学思想政治优质课比赛以及2017年、2019年、2021年、2023年省青赛真实地考查了素养教学时代教师的素养，有力地推动了广大中学思想政治课教师关注时政热点、关心国家大事、思考教育本质、不忘教育初心、追问教育情怀、践行教育理想、提升教学艺术、发展专业素养，极大地促进了教师教学水平和能力的提高，引领了教师专业发展的方向，得到了广

大教师的支持。

2016年广东省中学思想政治优质课的比赛规则是：参赛的24名选手第一环节分4组，每组6人进行课堂教学比赛，每组取前3名，共12名选手进入第二环节时事开讲的比赛。在第二环节中，现场授课与时事开讲总分前6名的选手进入第三环节教师教育素养演讲的比赛。第三环节为教师教育素养演讲。最终以现场授课、时事开讲、教师教育素养演讲三环节总分进行最后排序。前3名为特等奖，第4至第6名为一等奖。

根据2017年比赛的总规则，整个比赛共分两个环节，第一环节为教师个人素养展示，包括时事开讲、教师个人素养展示，两项总分排名前10者进入课堂教学比赛；第二环节为教师自带课题的现场课教学比赛，以时事开讲、教师素养演讲、现场课堂教学三个项目的总分进行排序。虽然2016年、2017年的比赛形式相似，但是比赛环节在排列上各有不同，各有特点。2019年的比赛赛制与2017年一样。

自2021年起，教育部开始组织开展全国中小学班主任基本功和思政课教师教学基本功展示交流活动。在2021年全国首届展示交流活动中，展示内容包括单元整体教学设计、课堂实录、时政述评、说课展示四部分，在2023年全国第二届展示交流活动中，展示内容包括单元整体教学设计、课堂实录、时政述评三部分。我省也依据国赛的要求进行比赛环节设置。2021年的省青赛中设置"单元整体教学设计、课堂实录、时政述评视频、说课视频""现场时政述评"作为教学基本功环节；2023年省青赛设置"单元整体教学设计、教学课件、时政述评课件""现场时政述评"作为教学基本功环节。教学基本功得分前10名的选手进入现场授课环节，本环节选手得分占总分50%。现场授课内容由选手自拟，内容应来自必修模块，并且与单元整体教学设计中的课时内容一致，本环节得分占总分的50%。

第二章

探讨学科核心素养教学新方法

　　学科核心素养教学新时代，需要探讨素养教学新方法。《普通高中思想政治课程标准（2017 年版 2020 年修订）》指出，思想政治课教学要坚持政治性和学理性相统一、价值性和知识性相统一、建设性和批判性相统一、理论性和实践性相统一、统一性和多样性相统一、主导性和主体性相统一、灌输性和启发性相统一、显性教育和隐性教育相统一，不断增强思想政治课的思想性、理论性和亲和力、针对性。培养学生的学科核心素养要通过围绕议题，设计活动型学科课程的教学；强化辨析，选择积极价值引领的学习路径；优化案例，采取情境创设的综合性教学形式；走出教室，运用迈入社会实践的大课程等方法。本章结合实例，分别从四个角度探讨学科核心素养教学新方法：一是活动型思想政治课，二是议题中心教学，三是社会活动教学，四是深度学习。

第一节　活动型思想政治课

一、活动型思想政治课教学实施路径—— 以"市场配置资源"为例

　　教育部高中思想政治课程标准修订组组长朱明光老师提出，"塑造活动型学科课程是此次修订思想政治课程标准的最显著亮点，也是思想政治课程

聚焦核心素养的关键抓手"①。作为一种创新型学科课程，活动型思想政治课在教学实践中如何操作，尚无具体理论指导，亦无典型先例可循，仍需进行探讨和摸索。深入探讨教学实施的基本环节和路径，对广大中学思想政治课教师实施素养教学具有非凡意义。

活动型思想政治课教学实施路径主要包括"精研课程标准，细化素养目标""精选真实议题，活化素养载体""优化活动设计，巧化素养培育"三个环节。以下笔者以"经济与社会"模块中的"市场配置资源"为例，探讨活动型思想政治课教学实施路径。

（一）精研课程标准，细化素养目标

教学目标既是具体教学行为的任务和指引，又是教学效果评价的依据和指标。培育学科核心素养是活动型思想政治课的出发点和落脚点，教师应精研课程标准，细化素养目标，从以往的知识、能力、情感态度价值观三维目标发展为素养、情感态度价值观、能力、知识四位一体目标，从知识教学转为素养教学（见表2-1）。

表2-1 活动型思想政治课学科核心素养教学目标（以"市场配置资源"为例）

课题	充分发挥市场在资源配置中的决定作用
内容标准	简述市场经济的形成和发展，解析其优势和局限性；辨析政府和市场的关系
学科核心素养教学目标	1. 通过……活动，了解市场经济的形成与发展，明白市场经济的定义，理解市场配置资源的机制和优点，充分发挥市场在资源配置中的决定性作用；坚持走中国特色社会主义市场经济发展道路，展现道路自信，培育政治认同素养。 2. 通过……活动，解析市场调节的优势和局限性，理性看待市场调节对我国经济发展的影响，辨析政府和市场的关系，培育科学精神素养；对于市场调节局限性，要更好地发挥政府作用

注：（1）课题。大单元整体教学视域下填写教学涉及课框的标题，可单就某课一个框进行教学，也可进行一课多框教学；可采用同模块不同框，也可采用不同模块不同框。课题选择依活动探究需要。

（2）内容标准。即把课程标准有关本主题的内容清晰呈现，改变以往教学设计只列框题的粗放情况，让教学更聚焦、更精细。

（3）素养教学目标填写格式为"通过……学习活动＋知识目标＋能力目标＋情感态度价值观目标＋素养目标"的有机融合。但并非每节课都涉及全部学科核心素养。

---

① 朱明光. 关于活动型思想政治课程的思考［J］. 思想政治课教学，2016（4）：4-7.

（二）精选真实议题，活化素养载体

议题即活动围绕的主题、合作探究的课题、展示交流的话题、评价测量的命题，是活动型思想政治课教学的起点和基点。《普通高中思想政治课程标准（2017 年版 2020 年修订）》认为"议题，既包含学科课程的具体内容，又展示价值判断的基本观点；既具有开放性、引领性，又体现教学重点、针对学习难点"①。可见，如果答案不具开放性，没有价值引领性，不能体现教学重难点，这就不是真议题。议题的选择和设计必须符合下列特征。

1. 基于精细主题

不同于一般活动课或单纯研究性活动的知识要求比较模糊、学习内容较为笼统，也不同于讲授式议题远离生活、忽视活动、学习枯燥乏味的特征，活动型思想政治课的议题既是包含学科具体内容以实现学科教学的知识议题，又是展示价值判断和价值选择基本观点以实现价值澄清的价值议题，还是注重师生互动贴近学生活动的生活议题。没有精细主题、远离学科内容、淡化价值引领的议题只能算活动主题，不能作为学科型课程议题，达不到学科核心素养教学目的；单有知识议题却不能巧化为活动议题，只能算学科教学，也不能称为活动型思想政治课教学的议题。

例如，《普通高中思想政治课程标准（2017 年版 2020 年修订）》第 43 页案例 1 "议题：如何理解校训的价值追求？"理解本议题，需要把握五个角度。第一，该议题包含了学科课程的具体内容，即必修 4 "哲学与文化"模块的"社会存在决定社会意识、价值观对人的导向作用"，即有用性。第二，议题有具体情境支撑，在校训中蕴含着学科具体内容，即有料性。第三，议题体现教学重点、针对学习难点；本议题围绕"社会存在决定社会意识、价值观的导向作用"设计，针对的就是本课的重难点。第四，本议题具有开放性。不同学校的校训各不相同，对学生的价值导向作用也不相同，体现了议题的开放性特征。第五，本议题具有引领性。校训展示了学校的价值

① 教育部. 普通高中思想政治课程标准（2017 年版 2020 年修订）［S］. 北京：人民教育出版社，2020：6.

判断和价值追求，对学生具有引领性。《普通高中思想政治课程标准（2017年版2020年修订）》指出"以此为议题设计活动，可组织学生搜集与本校校训有关的各种素材，并搜集、比较其他学校的校训。在此基础上，组织学生讨论以下问题。校训确立的根据是什么？校训对学校教书育人产生了哪些影响？"① 其中，在本例中"校训确立的根据是什么？""校训对学校教书育人产生了哪些影响？"这些是围绕议题进行探讨的问题，而非议题。

2. 基于真实生活

学科知识是前人经验的总结、抽象、概括、凝练，既来源于生活又远离生活。脱离具体场景的学科知识概念、原理、观点、理论难免让学习少了点生动多了份干涩，少了些形象多了些抽象。基于理论和知识灌输的教学效果只能是让学生知而不信、知而不行，不能将知识内化为品质、外化为行动。活动型思想政治课教学要以真实生活场景为起点，立足于学生现实生活经验，把学科知识还原于具体的生活场景和真实生活中，实现学科知识与生活现象的有机结合，注重学生兴趣，激发学生主动性，让学生想学、能学、爱学。为此，议题必须关注生活、回应现实，引导学生面对生活世界的各种现实问题。政治认同是在现实生活议题的感悟辨析中确信的，科学精神是关注真实议题的探究思辨中发展的。例如，《普通高中思想政治课程标准（2017年版2020年修订）》第45页案例2"议题：'互联网＋'时代的理性抉择"，教师引导学生关注生活，理性辨析，科学判断，正确选择，有助于培育科学精神。

3. 基于效果达成

议题作为活动型思想政治课教学的载体，必须服务于教学目标的实现及教学效果的达成。议题必须具有开放性、引领性和有效性。开放性是议题为可议之题，具备讨论的可能性和现实性，答案具有开放性和生成性，不做结果已经定论化的"无议之题"。引领性是议题为有价之题，具有探讨的价值性和有效性，不做"无用之议"。议题要体现教学重点，针对学习难点，关注学生的兴奋点，着力于学习的生成点，实现"有的之议、高效之议、优质之议"，具备效果高、效率高、效益高、质量优的"三高一优"特征。例如，

---

① 教育部. 普通高中思想政治课程标准（2017年版2020年修订）[S]. 北京：人民教育出版社，2020：43.

《普通高中思想政治课程标准（2017年版2020年修订）》第47页案例3"议题：'疏堵'措施的评析和建议"。

　　作为经济与社会重点和难点的"市场配置资源"一课，如果只有照本宣科式地理论分析，学习效果肯定欠佳。若补充逻辑推进和事例论证环节，效果虽有提升但学生较难真正理解。只有把"市场配置资源"这一学习主题寓于真实生活议题中，在生活情境中探寻市场魅力，才能达到效果高、效率高、效益高、质量优的"三高一优"。在2012年全国思想政治课优质课评比大赛中，北京市第十二中学唐敏老师以"从大白菜的家庭故事看市场经济的时代历程"为议题开展活动型思想政治课教学，在自主合作探究活动中，让学生理解市场在资源配置中起决定作用，培育学生剖析生活中的经济现象及思辨生活中的经济规律的科学精神，坚定走中国特色社会主义市场经济道路的政治认同，通过法律等手段加强宏观调控的法治意识（见表2-2）。

表2-2　活动型思想政治课议题的选择和解析（以"市场配置资源"为例）

课题	市场配置资源	解析
主议题	从大白菜的家庭故事看市场经济的时代历程	1.大白菜的家庭故事是每个学生可观、可感、可思、可议的真实生活议题。这个故事蕴含了社会主义市场经济发展的时代历程。 2.议题被分解为4个生活小议题，分别为探讨计划配置资源的局限，分析市场配置资源的优点和缺点，辨析政府和市场的关系，坚持走中国特色社会主义市场经济发展道路
一	计划经济时代下的当家菜	
二	计划经济结束后的家常菜	
三	市场自发调节的伤心菜	
四	宏观调控下的舒心菜	

（三）优化活动设计，巧化素养培育

　　精选议题是优质高效实施活动型思想政治课教学的前提，围绕议题优化活动设计则是素养培育的关键环节。优化活动设计应该做到精准、精细、精巧。

1. 所谓的精准，就是目标精准、对象精准、主体精准

（1）目标精准，即活动设计应符合学科核心素养教学目标要求，不能偏离、虚化、背离目标；要做到每一个活动都有的放矢，都有清晰设计意图，不能为了活动而活动，不能为了热闹而活动，而是为了教学而活动。（2）对象精准，即活动设计应基于学生当前素养，了解学生对议题的认识状况及原有经验，以提高教学活动的适切性；又要着眼学生发展素养，以实现教学活动的引领性。（3）主体精准，即活动参与主体和设计主体要精准，活动参与要凸显学生主体地位、中心地位，教师不能越俎代庖，弱化学生主体地位，不能让学生成为观众、演员；教师是活动设计的主体，是教学的主导，教师的作用不能缺位错位，不能虚化弱化，不能开展放羊式活动，在某个时期的某个场合，学生可以成为自我活动设计的主体。

2. 所谓精细，就是要细化活动目标、路径、方法、参考、过程

（1）细化目标，即活动设计应有明确的目标指引和达成要求，把宏观的素养目标分解为具体的素养小目标，让每个小目标都有对应的活动载体。例如，要培育学生科学精神，可以把科学精神分解为批判性思维、整体思维、辩证思维、客观性思维等素养小目标；学生辩证思维的培养则可以通过设计辩论活动或角色互换活动来实现。（2）细化路径，即活动设计应有清晰的思维路径和活动路径，活动型思想政治课教学推进的总体思路要清晰具体，每个活动环节开展的路径要细化和可操作。（3）细化方法，即要熟练掌握各种活动型思想政治课教学方法，如体验式教学法、案例教学法、议题中心教学法、游戏教学法等。（4）细化参考，即教师应教会学生查找资料、选择素材、运用资料的方法，并适当提供有关素材，为学生学习提供支架。（5）细化过程，即教师应细化整个活动流程，让每个环节都清晰、每个线索都清晰、每个活动都可行、每个行动都有效、每个学生都参与、每个目标都实现（见表2-3）。

表2-3　活动型思想政治课教学活动设计简表（以"市场配置资源"为例）

活动过程	活动内容	设计意图	学生活动	评价维度
视频观看及探究	观看"计划经济时代回忆"视频，探寻大白菜成为那个时代当家菜的原因	明白资源配置的原因和手段	自主探究、小组合作讨论、观点展示	1. 态度：积极参与、主动承担、积极分享。 2. 过程：与小组同学相互配合，资料收集、分析的方法科学、精准、充分。 3. 成果丰富、效果明显
资料阅读及探究	观看大白菜成为家常菜的图片和资料，思考市场调节的优点	懂得市场配置资源的优点，认同走中国特色社会主义市场经济道路，培育政治认同素养		
模拟游戏及对话	学生模拟菜农和教师模拟种子店老板围绕是否购买大白菜种子展开对话，探讨市场如何配置资源	理解市场配置资源的机制		
模拟决策及反思	学生根据不同市场信息模拟何时决定购买大白菜种子来种植。教师对决策失误学生进行淘汰	懂得市场调节的不足，辨析政府和市场的关系，培育科学精神和法治意识		

　　分析：（1）本课活动形式呈现多样化特征。有观看视频、有阅读资料、有角色模拟、有晋级淘汰。而情境真实性、参与竞争性让活动颇具趣味性、参与性。（2）本课系列化的活动内容都对应了结构化的学科内容，让活动成为学习的载体。（3）体现了教学评的一致性。

　　3. 所谓的精巧，就是要基于生活设计情境、基于整体设计环节、基于逻辑设计路径、基于发展设计问题

　　（1）基于生活的活动情境设计。不同于基于知识逻辑的讲授式教学，活动型思想政治课的活动环节设计和教学路径推进要基于生活情境，遵照实践逻辑。以北京市第十二中学唐敏老师执教的"市场配置资源"为例，分析对比讲授式思想政治课与活动型思想政治课的差异（见表2-4）。

表2-4 讲授式思想政治课与活动型思想政治课对比（以"市场配置资源"为例）

环节	讲授式思想政治课	活动型思想政治课
课堂推进模式	1. 知识观点1—示例论证—习题巩固。 2. 知识观点2—示例论证—习题巩固。 ……	1. 生活情境活动1—体验、探究、思辨、展示—素养目标达成。 2. 生活情境活动2—体验、探究、思辨、展示—素养目标达成。 ……
1	一、资源配置的原因及手段＋例子＋练习 1. 为什么要进行资源配置？ 2. 资源配置的手段主要有哪些？	一、当家菜：计划经济时代下（生活） 政府对大白菜限量供应，每人限购30斤。（情境）在计划经济时代下，资源配置有什么优缺点？（问题＋合作探究＋展示交流活动）
2	二、市场配置资源的途径＋例子＋练习 1. 市场是如何进行资源配置的？ 2. 举例说明。 3. 练习巩固	二、家常菜：大白菜结束了计划时代（生活） 1992年，党的十四大提出建立社会主义市场经济体制。（情境）什么是市场经济呢？在市场经济条件下，我们应该种什么，为谁种？（基于生活情境的问题探究）
3	三、市场配置资源的优缺点＋例子＋练习 1. 市场配置资源的优点有哪些？ 2. 市场配置资源的缺点有哪些？ 3. 举例＋练习	三、伤心菜：大白菜没有销路（生活） 种植大户伤心地说："一斤大白菜两分钱还卖不出去。"（情境）什么原因导致大白菜滞销？（问题探究）
4	四、国家宏观调控＋例子＋练习 1. 为什么要进行宏观调控？ 2. 如何进行宏观调控？	四、舒心菜：大白菜重新走向市场 由于市场调节存在的弱点，大白菜出现滞销的局面，国家可以采取什么措施改变这一局面，让大白菜成为老百姓的"舒心菜"？

续上表

环节	讲授式思想政治课	活动型思想政治课
对比分析	1. 教学以知识为起点，基于知识也止于知识。实例只是例证知识，非生活场景。教学目标大多止于知识掌握运用。 2. 结构化知识在基于学科逻辑的教学路径中推进，学习过程枯燥乏味。 3. 学生没有经历知识自主建构和思辨过程，属于接受式掌握型被动学习。学生主体地位被忽视。 4. 依据行为主义学习理论。认为学习就是刺激和行为的联系，在教学上通过直观刺激，强化练习来达成学习效果。 5. 常见教学模式：（1）诱导学习动机—领会新知—巩固新知—运用新知—检查；（2）组织教学—导入新课—讲授新课—巩固新课—布置作业	1. 教学以生活为起点，基于真实生活情境，在对生活问题的探究中掌握知识，锻炼能力，培育素养。使学生在大白菜历史变迁的议题中认同走中国特色社会主义市场经济的道路，辨析政府和市场关系。教学目标着眼于素养达成。 2. 结构化知识在基于实践逻辑的探究学习路径中推进，学习过程洋溢生活气息，充满探究乐趣。 3. 学生基于问题，经历自主合作探究及思辨活动，属于自主建构式发现型主动学习。凸显学生主体地位。 4. 依据建构主义学习理论。强调发挥学生主观能动性，学习过程是情境下有意义的自我建构，要求学生能够用探究、讨论等方法主动建构知识，培养学生分析、解决问题的能力和创造性思维。 5. 常见的教学方法：随机通达教学、抛锚式教学、支架式教学

（2）基于整体的活动环节设计。围绕议题的活动环节设置要从整体着眼、系统把握，符合情境导入、感悟、认知、辨析、解决的认知规律。在上文例子中，唐敏老师以大白菜在生活中的角色变迁（当家菜、家常菜、伤心菜、舒心菜）为场景，讲述"市场配置资源"的故事，探究计划经济、市场经济、宏观调控对生活的影响，让思想政治课富有历史变迁感、镜头真实感、生活现场感、活动参与感。

（3）基于逻辑的活动路径设计。活动型思想政治课不同于一般社会调查、研究型学习等活动课，活动型思想政治课是一种活化的学科课程，其活动要承载结构化学科内容而非碎片化的知识体验。各个活动的推进路径要有逻辑性、层次感，既要遵照实践逻辑，又要切合认知逻辑和学科逻辑，不能杂乱无章毫无头绪。实践逻辑立足点在于生活，是感性经验的总结再现。学科逻辑立足点在于学科知识，应从认知规律、理论建构方面进行演绎。实现学科逻辑与实践逻辑的有机结合，必须基于生活现象，遵循实践逻辑，把学科知识和学科逻辑融入于生活教学，立足于学生已知的生活经验，把生活经验和理论认知有机融合（见图2-1）。

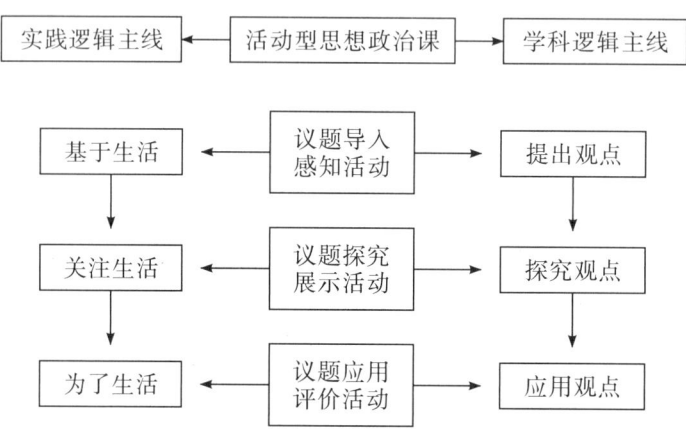

图2-1 活动型思想政治课逻辑主线示意图

（4）基于发展的活动问题设计。活动型思想政治课的活动探究和思维辨析都是基于若干个设问进行的，设问是串起活动型思想政治课教学主线的支点，应具有整体性、层次性、可思性、发展性、情境性。

整体性就是要整体布局与系统考虑设问的数量及内容形式；层次性就是设问要符合思维斜坡前行规律，由浅入深、层层递进，做到环环相扣；可思性就是设问要有一定的思维质量，非凭直觉即能回答；发展性即设问有利于引导学生进行各种探究思辨活动，提升学生认知水平和思维层次，引领素养发展；情境性就是设问要和情境相融合，避免干瘪的纯知识、纯理论性设问，而是把知识、能力、情感、素养融入生活化场景设问中，实现基于真实情境探究。典型实例可参看表2-4中设问的对比。

在现实生活中，部分人因各种现实原因，主动或者被动地满足于应试教育的现实课堂，丧失理想课堂的追求，习惯经验课堂，以过去课堂教学模式教育当今学生去面对未来社会，这显然不是课堂教学应有的健康生态。我们在教学实践中要不断完善、丰富、发展活动型思想政治课，推动思想政治课教学守正创新，实现立德树人的根本任务。路虽远，行则将至；事虽难，做则必成。

二、活动型思想政治课"活"在哪里

活动型思想政治课的"活"主要表现在以下八个方面。

一是目标。不同于讲授式教学以知识目标为教学出发点和落脚点，活动型思想政治课以素养达成为教学出发点和落脚点，教学任务从"为应试而教"活化为"为立德树人而教"，教学目标从"知识"真正活化为"素养、情感态度价值观、能力、知识"四位一体。

二是情境。讲授式教学缺乏情境、脱离社会、漠视生活，大多是从知识到知识、理论到理论进行演绎教学，课堂枯燥乏味、空洞说教。活动型思想政治课基于真实生活，直面各种现实问题，通过创设丰富多样的教学情境，引导学生面对生活世界的各种现实问题。例如，在模拟法庭比赛中，案件是根据某件真实的事例改编而成的，地点设在法院，审判过程严格遵循法庭审理案件流程。

三是形式。区别于接受式课堂教学，活动型思想政治课主要包括"自主合作探究活动"和"社会活动"。其最基本形式是"议题合作探究＋展示交流＋评价检测"活动模式。围绕学习议题的自主合作探究活动是活动型思想政治课的必备形式和主要形式，也是最常用的活动形式。这种活动型思想政治课，在课堂或者课外围绕一个或者几个基于真实生活情境的议题，通过设置若干阶梯式问题，进行合作探究研究性学习，在课堂上进行交流展示与评价反馈。其主要形式是社会活动教学模式，包括以公共政治参与、服务学习、职业体验、研学旅行、社会调查、专题访谈、参观访问、志愿者服务等社会活动开展的教学。

四是内容。讲授式教学法的中心是教材，教师教教材、学生背教材；教学目的是传授知识；教师主宰课堂，掌握教学的进度与尺度，操控教学的方法与方式，把持着话语权。对于活动型思想政治课来说，教学不再是教教材而是用教材，从"教材就是世界"活化为"世界都是教材"，教师带着学生走向生活，学生带着自信走向世界。教师成了学生学习活动的组织者、引导者。教师与学生之间相互反馈，教与学和谐共生，师与生教学相长。

五是时空。从空间来看，活动型思想政治课不局限于教室和课堂，而是鼓励学生走出教室，走到学校，走进社会、企业，走进政府、法院、检察院、人大、政协等机关，走进城市、农村等广大世界；从时间来看，活动时间不只是一节课，可以是两节课、三节课，一周或几周，一个月或一个学期，甚至是整个中学阶段；从层次来看，既应该有浅层的现象认知，又应该有深层的本质思考。

六是对象。学生真正成为活动的主体，教师真正转为活动的主导。此外，同伴、家长、一切社会人员（如企业家、政府工作人员、专家学者等）都可以是活动参与人员，共同为教育贡献智慧。

七是成果。从成果上看，在活动型思想政治课上学生的真实成长（这种成长不止于知识，还有能力与情感态度价值观，是一种品质和素养的成长）能被感知，师生能共同成长。从成果形式上看，形式多种多样，包括调查报告、论文、反思性小论文、建议、方案等。同时，活动成果具有变现性，能实施、可行动、有效用，涉及有关部门的成果可递交其参考决策。例如，有关环境治理的调查报告可递交当地环保部门，有关公共参与的监督建议可以通过电子邮箱、电话、微信等方式递交有关部门等，让活动成果"活"起来。

八是评价。俗话说，有怎么样的评价观就有怎么样的教学观、学习观。此话看似略有偏颇，却具有现实性。从宏观层次上看，就算具有再先进的素养教育理念、再科学的活动型思想政治课理念、再完美的活动型思想政治课设计，如果高考选拔的测试评价标准依旧注重知识、漠视能力、无视素养，那么一切素养教育、活动型思想政治课都永远只能是空想，即使有勇敢者先行探索，也只能昙花一现、好景不长。为此，基于素养与能力的高考选拔机制必须形成，从高考命题、自主招生、人才选拔等方面革新过往重知识轻能力、重结果轻过程、重应试轻素养的做法。从微观层次上看，日常教学应建立基于素养发展的量化与质化相结合的活动评价细则，既测评学生的学习效果，又评价学习过程。在评价过程中学习效果方面应关注素养目标，而不仅仅是知识的获得，学习过程主要看学生参与活动的态度、方法、行为、情感。素养测评从主体上入手，以学生的自我记录、自我小结为主，同伴、教师、家长、其他相关人员共同参与（见表2-5）。

表2-5　活动型思想政治课活动素养评价表

维度	描述	等级			
		自评	他评	师评	综合
活动成果类型及概况					
活动成果质量、数量					
积极参与、主动承担					
与小组同学相互配合					
资料收集、分析的方法科学、精准、充分					
活动的价值取向					
积极主动分享、反思					
活动收获（素养）					
其他					

注：（1）描述填写的内容为真实记录，包括文字、成果、视频、图片的佐证。

（2）等级包括"卓越""优秀""良好""合格""基本合格""还需努力"6个级别。

（3）活动成果包括探究结论、调查报告、反思方面等。

总之，再好的活动设计，如果只是纸上谈兵，素养就永远只是目标和理念，不能成为品质和品行。唯有围绕素养目标，巧设活动方案，活化探究实践，通过活动内容化、内容活动化，才能真正孕育素养。

三、活动型思想政治课活动教学探讨——以"哲学与文化"（文化）模块为例①

习近平总书记在2016年12月召开的全国高校思想政治工作会议上指出，要更加注重以文化人、以文育人，广泛开展文明校园创建，开展形式多样、健康向上、格调高雅的校园文化活动，广泛开展各类社会实践。在中学思想政治"哲学与文化"模块的"文化"教学中，不仅要重视文化知识的传递，而且要积极开展各种文化活动，做到以文化人、以文育人。为了让学

_____

① 部分内容发表于《中学政治教学参考》2016年第8期，收入时略有调整。

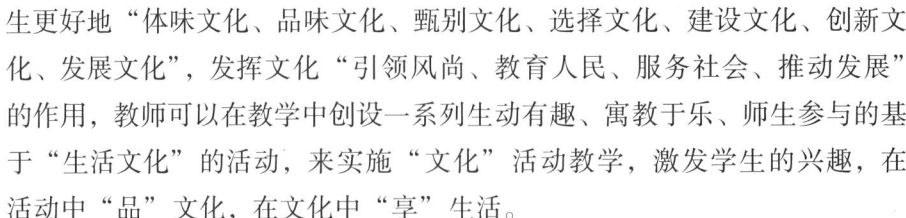

生更好地"体味文化、品味文化、甄别文化、选择文化、建设文化、创新文化、发展文化",发挥文化"引领风尚、教育人民、服务社会、推动发展"的作用,教师可以在教学中创设一系列生动有趣、寓教于乐、师生参与的基于"生活文化"的活动,来实施"文化"活动教学,激发学生的兴趣,在活动中"品"文化,在文化中"享"生活。

(一)"文化"活动教学内涵

"文化"活动教学立足于学生现实生活经验,以生活中的文化现象为教学的情境和契机,把"文化"的理论、观点的阐述寓于生活中的文化和学生活动的主题之中,让学生在体验、参与生活中的文化活动及自身的感知、感悟、反思、思考等思维活动中理解文化的内涵、理论的旨趣、学习的价值、行动的力量,培育学生学科核心素养。

(二)"文化"活动教学策略

第一,生活是活动教学的起点,"文化"活动教学既要注重学生的兴趣,又要立足于学生现实的生活文化经验。

生活文化处处有,人的衣食住行、言谈举止、礼尚往来皆文化。吃饭有饮食文化、喝茶有茶文化、饮酒有酒文化、穿衣有服饰文化、住房有建筑文化、交往有礼仪文化、过节有节日文化、祭拜有祭祀文化等。

兴趣是学生最好的导师,生活是学习最鲜活的源泉。脱离了具体情境的学科概念、原理、观点、理论,难免让学习少了点生动多了份干涩、少了些形象多了些抽象。活动教学以生活为起点,立足于学生现实的生活文化经验,把学科知识还原于具体的生活文化场景和真实的生活文化中,注重了学生的兴趣,激发了学生的主动性,符合从感性认识到理性认识、从具体到抽象再到具体的学习认知规律,实现了学科知识与生活现象有机结合,让学生想学、能学、爱学。

如果说生活是活动教学的起点,那么姓名就是一个人文化的开始。中国人的姓名作为个人社会化的符号,不仅是个称谓,更有许多文化寓意和美好期待。了解中华文化隽永之美,品尝中国姓名寓意之味,就从最熟悉的名字开始,从"说名解姓"活动出发(见活动一)。

活动一　"我就是我，不一样的花朵"——从"说名解姓"开始

姓名是以血脉传承为根基的社会人文标识，姓名的寓意源远流长，是社会、时代人文的一种缩影，更寄托着长辈对后代的人生期待。品味文化生活，了解中华文化隽永之美，品尝中国姓名寓意之味，就从自己最熟悉的名字开始，从"说名解姓"出发，开启一段文化之旅。

活动目的：①了解中国百家姓，知道自己姓氏的起源和历史。②知道自己名字的含义和父母的美好期待。③了解汉字丰富的内涵和寓意，从而理解中华文化魅力和丰富内涵，增强文化自信，树立文化自觉。④加深同学之间、父母子女之间、师生之间的沟通和理解。⑤以名励志。

活动内容：①每个同学通过查阅相关资料、和父母交流等方式，了解自己姓名的深刻含义、父母起名的美好寓意。②在班级和同学一起分享姓的由来、名的寓意，了解中国传统文化名字的特殊内涵、父母的美好祝福。③上网搜查和自己同名同姓的人，用其中的好人好事或名人事迹，以经历激励自己。④把父母的美好期待转为行动的目标和方向，不断激励自己。

活动时机：在教学"什么是文化"时使用。

本活动立足于"文化"活动教学，点燃了学生学习的热情，从自我名字开始的"说名解姓"活动，让学生真切感受到了生活处处是文化，促使他们善用一双发现的眼睛去寻觅生活中的真、善、美。

第二，主题是活动教学的支撑点，"文化"活动教学需着眼于学生的发展需求，把理论观点的阐述寓于社会生活和学生活动的主题之中。

活动教学支撑点在主题，关注点在学生。在活动教学中，学生是教学的中心、主体，是一个不断成长的个体，教学必须着眼学生的动态发展需求。它既关注学生现时的成长，以适应当前社会发展的要求，又关注学生未来的发展，以适应将来社会发展的需求。因此，活动教学要重视知识的获得，注重能力的培养、情感态度价值观的形成，关注学生核心素养的习得。主题是活动教学的支撑点，活动教学围绕教育目标和任务来展开。教师可巧设各种生动有趣、寓教于乐的主题活动，让学生在主题活动中亲身体验、深刻感悟、养成能力、习得素养。

基于生活中的文化，围绕教学目标与任务，师生可以共同开展一个个主题活动。在"文化的内涵与功能"中，要感悟生活处处有文化，可以开展"寻找身边的文化"调查活动；围绕文化与经济、政治的关系，可以进行

"从电影票房看文化的经济价值"研究性活动；要感受文化作用，可以举行共听一首歌（如《义勇军进行曲》）分享活动；要感受文化影响，可以通过共建"我的'书香门第'"，营造文化之"家"参与活动（见活动二）。

活动二　"书香校园、文韵学堂"——我的"书香门第"

文化对人的影响是潜移默化、深远持久的，文化对人的影响主要通过文化环境和文化活动来实现。通过开展这一活动，为师生构建书香氛围、物质载体、读书活动、读书组织，实现文化育人功能。

活动目的：①创设书香环境，实现文化育人。②在活动中提高学生的文化选择能力，培养学生的自主意识。

活动内容：①书香校园建设。加强校园环境建设，突出校园文化氛围；创设校园阅读，开放学生阅览室，为学生提供良好的阅读环境；创设校园书架，进一步完善校内各场所的书架、读报栏，给学生创设宽松、愉悦的阅读环境。②文韵教室建设。各班集思广益，建设有班级特色的书香氛围、学习园地、黑板报、班刊、班名等，要求主题鲜明、题材新颖、内容有创意；完善班级图书角。③营造书香班级氛围。通过召开主题班会、制定相应的制度、开展形式多样的活动，引导、督促、激励学生积极读书，培养学生良好的读书习惯。④开展阅读比赛活动。学生将读书活动中读到的精彩片段、好词好句、名言名句、心得体会等记录下来。⑤学期末进行"书香班级""书香少年""书香家庭"评选活动，并进行表彰。

活动时机：在教学"文化的功能"中使用。

依托主题的活动教学，把理论观点阐述、能力培养、素养习得寓于社会生活和学生活动的主题之中，让活动有了目标、有了主心骨、有了灵魂。各种主题的目标任务通过各种活动教学得以潜移默化、深远持久地实现。

第三，活动是活动教学的亮点和生成点，"文化"活动教学需关注学生的活动过程和结果，让学生在体验社会生活及自身的思维活动中理解知识的内涵、理论的旨趣、学习的价值、行动的力量。

正是因为活动，学生有了思考的自主、行动的自觉、探究的自发、参与的自为。活动既包括课堂的听、说、读、写、思、做等活动，又包括课外的思、探、行、写、做等活动；既有个体自我活动，又有师生互动、小组活动、班级活动等群体活动；既有学生体验社会生活的参观访问、社会调查、社会服务、社会实践等社会活动，又有在社会活动基础上经历感知、感悟、感想、反思、辨析、质疑、推理、提炼、抽象、概况、总结等思维活动。活动教学既关注学生活动过程的参与，又关注活动结果的获得，让学生在各种社会活动和自身思维活动的统一中经历体验、探究、思考、践行等过程，从中理解知识的内涵、理论的旨趣、学习的价值、行动的力量，从而实现学科逻辑与实践逻辑的有机结合，达成知与行、学与用的辩证统一。

在"文化的内涵与功能"中，通过"'感动接力，向经典致敬'——我喜欢的_____（书、画、歌、作家等）（见活动三）"，引领学生经历"自读的感（读、写、思活动）—分享的悟（感悟、感想、感思活动）—推荐的理（阐述、分析、行动等活动）—成长的乐（思维成熟、素养习得）"4个活动环节。学生在读书、荐书、享书的行为活动和自身思维活动中感思文化魅力，共赏文化之美，培育文化素养，引领文化生活。

活动三 "感动接力，向经典致敬"——我喜欢的_____（书、画、歌、作家等）

苏霍姆林斯基曾讲过，一个学校可以什么都没有，但只要有了为教师和学生精神成长而提供的图书，那就有了教育。一个人的精神发育史，就是一个人的阅读史，而一个民族的精神境界，很大程度上取决于这个民族的阅读水平。文化对人的影响潜移默化、深远持久，为了让学生更深刻地感悟文化影响人的特点、文化塑造人生的作用，特开展"感动接力，向经典致敬"活动。

活动目的：①通过阅读、欣赏经典的一本书、一幅画、一首歌、一个作家、外国文艺、中国文艺、建筑，了解和理解其内涵，深入思考其为什么能成为经典。②感受文化的力量、欣赏文化的魅力，体味文化对人的作用。

活动内容：①感动接力。师生向大家推荐一本曾经感动过自己的书或一幅画，写上感动的理由、推荐的意义，然后把这书画捐给学校，学校做一个长廊来陈列这些书画，任何教师、学生都可以任意取架子上的书来阅读。②最佳推荐奖。根据推荐分享表现，评出最佳推荐奖。

活动时机：在教学"文化的功能"中使用。

本活动通过"感动接力""文化分享"活动，传递了文化价值，做到了学以致用，正是因为活动，让学习变得不再一样，让学生得以处处发亮。

第四，实践是活动教学的原点和终点，"文化"活动教学要在践行正确的价值观的过程中逐渐内化成为自觉的价值取向，从活动中习得素养，以素养指导活动，学以致用。

"文化"活动教学不是为了活动而活动，而是以生活为起点，以主题为支撑点，以活动为生成点，让学生在活动中理解文化内涵、习得文化素养、育得文化教养。最终目的是用习得的文化素养与教养来润泽生活、服务社会、建设国家、推动人类文明的发展。

例如，我们开展"'铭铭（座右铭、格言）我心，励我前行'——我的'座右铭'"活动教学（见活动四），其根本目的不只是为了让学生感悟文化的力量，而是借助这一活动让学生在活动中储备文化能量，以铭励志，伴己前行。

活动四 "铭铭（座右铭、格言）我心，励我前行"——我的"座右铭"

古今中外成功人士几乎都有自己的座右铭。例如，马克思的座右铭是"思考一切"，数学家苏步青的座右铭是"今天能做的事，不要拖到明天去做"，等等。学生通过班级座右铭分享活动，在活动中感受文化对人的影响和作用。

活动目的：①感悟文化对人的影响。②通过座右铭激励自己成长。

活动内容：①选定。座右铭一般包括三种形式：自题、选择经典言论或名人格言、请人题。②分享。在课堂上和大家一起分享自己选定该座右铭的理由和期待达到的效果。③行动。座右铭多置于人们能常见的地方（例如，写在笔记本扉页上，或贴桌上，或贴在教室的公开栏中）以便激励自己；同时邀请同学、老师、家长监督自己。④感悟。一周后、一个月后、一个学期后进行总结。⑤评定。对激励效果明显的学生在班级公开表扬和鼓励，并且在班级进行分享。

活动时机：在教学"文化的功能"中使用。

教育的魅力不只在于让人知道得更多，更在于能让人生活得更美好，用所习得的文化引领实践，用所育得的素养润泽生活，这就是基于生活文化的活动教学最大的价值。

（三）"文化"活动教学主题

为了更好地在整个文化生活部分进行活动教学，本节整理了包括上述4个活动在内的共9个"文化"活动教学主题，教师可以围绕这些主题进行活动教学。以下是剩余的5个"文化"活动教学主题的内容。

活动五　文化遗产，文明星空璀璨明珠——我和文化遗产的故事

文化遗产是一个国家和民族历史文化成就的重要标志。申报文化遗产，有利于激发民族文化自豪感，更有利于有效地保护和传承这些文化遗产，申报的同时也是一种文化宣传和普及的过程。然而，随着经济的发展、社会的变迁、岁月的流逝，有些文化日渐消失，为了保护我们文化的根、民族的魂，我们需要对这些文化进行保护。

活动目的：认识、了解、保护文化遗产，在活动中感受文化的魅力。

活动内容：①一场说走就走的旅行。假期外出旅游，介绍你旅游时遇到的文化遗产。②申遗推荐书。通过调查研究，撰写拟申报文化遗产的材料。③建言献策。为文化遗产的保护与开发提出建议。

活动时机：在教学"世界具有多样性"中使用。

活动六　"＿＿＿＿＿文化使者评选"——从这里了解世界

世界文化多姿多彩，我们既要有文化自信和文化自觉，又要有海纳百川的胸怀、熔铸百家的气魄，以世界优秀文化为营养，学习和借鉴其他民族的优秀文化成果。为了让学生更好地深入了解世界各种文明、优秀文化，我们设计了"'＿＿＿＿＿文化使者评选'——从这里了解世界"活动。

活动目的：了解世界文化的多样性，学习和借鉴世界一切优秀文明，当文化的使者，促进中外文化交流。

活动内容：①角色选定。全班学生通过自由选择或者抽签的方式决定自己担任哪国文化使者。②课题研究。文化使者在课堂介绍展示前，开展相关课题研究，要做好充分的资料收集、成果整理工作。③课堂展示。要以第一人称的身份介绍该国的文明、历史、文化、人文、与中国的关系。④反馈。师生共同评出最佳文明使者10位，授予＿＿＿＿＿文化使者称号。

活动时机：在教学"文化交流与文化发展"中使用。

活动七　记住乡愁

当下，城市不断扩张，乡村日渐凋敝，一些传统文化正在逐渐被人们遗忘，许多人找不到"精神家园"，"乡愁"成为一个容易引人伤感怀念的情丝。每每岁末年初，社会上都会掀起一股股古诗词热，家风、家训热，这些"热"的背后，正反映了当今人们通过诸如家风、家训等文化外在，寻找传统文化的基因的心理。中华传统文化的传承需要润物细无声式的渗透，需要有诸如家风、家训的载体，需要一代代耳濡目染的传承。只有认真汲取中华优秀传统文

化的精华和精髓，才能增强文化自信和推进社会主义核心价值观建设。

活动目的：①以弘扬中华优秀传统文化为宗旨，思考如何保护和传承优秀传统文化。②梳理优秀传统文化的发展脉络，聚焦海内外华人记忆中的乡愁，深入挖掘和阐述中华优秀传统文化的时代价值。

活动内容：①观看中央电视台100集纪录片《记住乡愁》。②社会调查。主要包括失落的古村落（消失的古文明、没落的古文艺）、家训、家风调查。③撰写论文。④我行我动。学生向有关部门发出建议、反馈意见。

活动时机：在教学"中华优秀传统文化的当代价值"中使用。

活动八　"谁不说俺家乡好"——"一方水土，一方文化"，了解中国各具特色的区域文化

全国各地地理环境、自然条件不同，经过长期的历史过程，各地的文化背景产生差异，从而形成了明显与地理位置有关的文化特征，这种文化就是区域文化。区域文化的不同可以通过方言、因素、区域个性特征、习俗等表现出来。

活动目的：学生认识自己的家乡，了解其风土人情、历史渊源后，无论身在何处，都有桑梓之情、家国之志，热爱家乡，建设国家，树立爱国爱乡情怀，不忘根，不忘本。

活动内容：①了解自己的祖籍，查阅其风土人情、历史渊源，选取其中一个方面，如风景、人文、饮食、文化、文化名人等，在班级介绍和分享。②感知"一方水土，一方文化"博大精深的中华文化。③主题是"守住家园，建设国家"。④教师可以把班级分为若干小组进行合作探究学习。可以按学生的籍贯分组，也可以按学生的兴趣分组。

活动时机：在教学"正确认识中华传统文化"中使用。

活动九　超级星光大道——中华才艺（汉字、成语、诗词、舞蹈……）大赛，谱写中华文明新华章

学生不仅是文化的学习者、传承者，更是文化的建设者、创造者。源远流长、博大精深的中华文化只有在学生的真实参与、亲身践行中才能被感受其美、体味其韵、传承其魂。学校举办汉字书写、中华成语、中华诗词、中华舞蹈、中华书画、民歌、武术大赛等活动，以推动学生热爱和传承中华文化，树立文化自信和文化自觉，谱写中华文明新华章。

活动目的：学生从中体味中华优秀传统文化的源远流长和博大精深，传承中华优秀传统文化，树立文化自信和文化自觉。

活动内容：学校举办汉字书写、中华成语、中华诗词、中华舞蹈、中华书画、民歌、武术大赛等活动。

活动时机：在教学"中华优秀传统文化的主要内容及特点"中使用。

最美的教育永远在路上，活动教学以学生感兴趣的活动为形式，以培养学生的核心素养为目标，以立德树人为根本任务，注重有趣的外显行为活动与高效的思维内化活动的结合，以体验认知活动为突破口，创设生动、开放、生机、鲜活的生成课堂，重视认知活动与情意活动、感性活动与思维活动、教师主导活动与学生主体活动、学生个体活动与群体活动的协调。活动教学把教授知识的课堂变成学生活动的乐园，通过巧设各种"基于生活文化、生动有意义"的参与活动，带领学生进行社会调查、社会参观、社会服务、社会实践，引导学生积极主动自愿地投入各种文化活动中，在活动中"品"文化，在文化中"享"生活。

第二节　议题中心教学①

一、议题中心教学法范式与实例

议题中心教学法是美国中学社会科常用教学方法。20 世纪早期，美国进步主义教育观认为教育应密切联系社会，社会经验应成为学生学习的素材与资源。② 在此背景下，以真实社会情境为议题，通过社会公共议题引领学生真实广泛深入地触摸社会、了解社会、参与社会的议题中心教学法出现在美国社会科教学中。③ 它以争议性议题为起点，直面社会冲突情境，采取合作

---

① 部分内容发表于《天津师范大学学报（基础教育版）》2017 年第 4 期，收入时略有调整。

② DEWEY J. Experience and education［M］. New York：Free Press，1997：17 – 31.

③ 朱玉成. 社会性科学议题（SSI）之议题中心教学模式初探［J］. 教育科学，2013（6）：21 – 25.

探究学习方式，进行思维辨析，化被动学习为主动学习，化知识记忆为能力培养，化"灌输填鸭式"理论教学为"思辨探究式"活动教学。辩证地学习和借鉴美国社会科所采用的议题中心教学法，将其应用到中学思想政治课教学，有利于学生达成政治认同，养成法治意识，形成科学精神，践行公共参与。

（一）议题中心教学法的定义

议题中心教学法（亦称"议题为本方法"或"议题导向方法"），是指以争论性议题为教学中心，教师综合相关学科知识，采取多种教学方法，将议题的正反不同观点呈现给学生的一种教学法。①

议题中心教学法是基于议题和自主合作探究学习的一种教学策略。议题中心教学引入社会真实议题，将学生以公民身份置身于真实社会情境中。议题是教学组织的中心，教师利用议题持续激发学生探究兴趣，引领学生直面各种矛盾和争议，为合理解决问题而持续深入理性地思考及分析，努力寻求多种解决办法。议题涉及的大多知识是跨学科的、已知或未知的、颇具挑战性的。学生必须综合社会、历史、经济、政治、地理等多学科、宽领域、深厚度的知识去探究，充分权衡各方利益后提出解决方案。议题中心教学法在安全的教室环境里让学生真实体验、理性面对和理智处理社会生活冲突情境，承担公民责任。这既是学生自主建构知识培养能力的过程，又是核心素养得以培育的历程。

（二）议题中心教学法的支架及实例示范

议题中心教学法支架包括"议题呈现—情境经历—自主探究—议题讨论—理性选择（或立场互换）—展示交流—反思践行"七步。支架图见图2-2。

---

① 徐慧璇. 议题中心教学法在美国社会科中的应用 [J]. 外国教育研究，2013（5）：11-19.

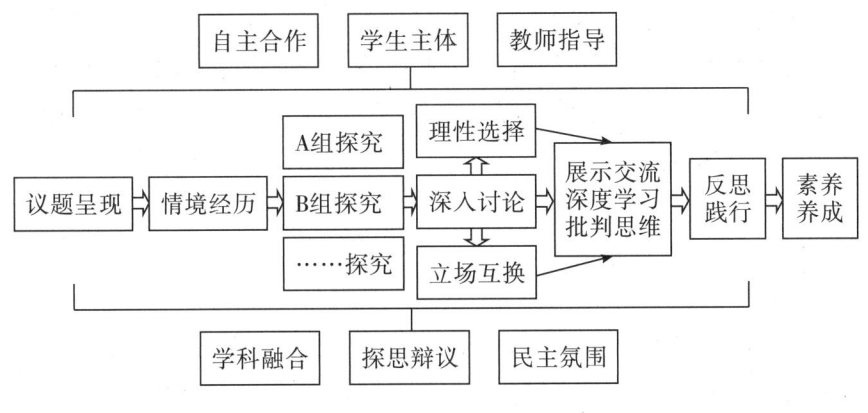

图2-2　议题中心教学法支架图

　　下面以"网络是否需要实行实名制"议题为例,具体阐述议题中心教学法的实施。

　　1. 议题呈现

　　议题是议题中心教学法的起点,是连接社会生活与学生学习的桥梁。议题来源于真实生活,服务于学科核心素养教学。当前社会对于"网络是否需要实行实名制"存在两种截然不同的意见,教师可把此作为议题来培育学生的科学精神和法治意识等学科核心素养。通过教学,学生正确认识和理性思考网络实行实名制的意义,懂得在遵守国家法律与维护他人合法权利的前提下正确行使权利,树立法治意识,养成科学精神。涉及的知识点主要有"政治与法治"模块的"公民的政治权利和义务""政府的职能""依法治国","哲学与文化"模块的"在文化生活中选择","哲学与生活"模块的"坚持两点论和重点论的统一"等知识点。为更好地进行深度学习和高效探究,教师应协助学生了解此议题的背景,提出学习的任务和要求,列明评价的内容和标准。

　　2. 情境经历

　　情境是知识和能力的载体,它把枯燥理论还原为生动生活,把抽象素养转化为具体行动。只有在情境中学习与探究,在情境中思考与行动,才能真正激发学生的积极性和主动性,才能真正实现为生活而学;在生活中学,学生才有代入感和参与感,才有获得感和沉浸感。在此环节中,教师引导学生身临议题冲突情境,逐一呈现各种不同观点,帮助学生了解议题争论点,使学生经历"认知失衡、观点重建、价值判断、决策选择"过程。在本例中,

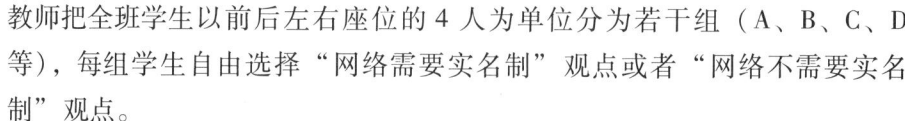

教师把全班学生以前后左右座位的 4 人为单位分为若干组（A、B、C、D 等），每组学生自由选择"网络需要实名制"观点或者"网络不需要实名制"观点。

3. 自主探究

自主探究是议题中心教学法的重要环节，是学生进行深度学习、培育高阶思维能力的重要过程。各小组内部正反双方各自经历资料搜索、甄别、筛选、加工、运用等过程，对议题进行深入分析、研究、论证。论据要求真实详细，论证要求科学严密。在本例中，正方可以通过文献研究、调查问卷、个别访谈、实地调研等方法，收集论据和实例，从安全和个人义务等角度论证网络需要实名制；反方可以从自由和个人权利等角度论证网络不需要实名制。

4. 议题讨论

在自主探究的基础上，各小组内部进行深入议题的讨论和辩论。各小组正反双方分别阐述自己的观点、论证的依据、论证的逻辑，接受对方质询，与对方进行辩论。教师请学生持续地挖掘与澄清各自观点，强调问题解决过程的理性思考和科学论证，学会倾听他人观点，理解他人行为，体验他人情感。在本例中，持"网络需要实名制"观点的一方可以分别从实名制有利于维护网络安全、个人安全、社会安全、国家安全等角度论证，从理论、实例两方面阐述己方观点。持"网络不需要实名制"观点的一方可以从实名制不利于网民真实表达己方观点和容易遭受网络暴力、泄露个人隐私等角度论证。双方唇枪舌剑，或讨论或辩论，让观点越辩越清晰、视野越辩越宽广、思维越辩越深邃。

5. 理性选择（或立场互换）

学生经过小组内议题讨论后，运用认知经验及系统思考对争议议题再进一步理性思考，从而做出最终价值判断。此环节有两种教学策略可供选择。一是双方立场达成一致，做出最佳选择，提出最优方案，掌握系统优化方法。如本例中，小组可以提出"网络需要实名制，但也要保护好公民隐私，预防网络暴力"等观点。二是各小组内正反双方立场互换，再重新论证互换了的立场，培养辩证思维能力。如本例中，原来论证"网络需要实名制"的正方学生立场换为论证"网络不需要实名制"的反方立场，而反方学生立场换为正方学生，这样每一个学生对同一议题都有正反两面的深入分析和论证，可形成关于这一议题的完整准确认识。

6. 展示交流

展示交流环节既是全班学生一起分享研究成果和心得的过程，又是思想交流碰撞的时候，更是对学生参与自主合作探究的鼓励。在这一环节中，首先，各个小组以 PPT 或者海报等方式展示小组的最终立场观点和方案建议，接受其他小组学生的质询。然后，全班学生民主选出本班最佳方案和最佳小组。最后，教师进行活动总结和点评，对学生的精彩探究和讨论进行表扬，提出若干改进建议。在这一环节中，教师、学生对个体在活动中的表现进行过程性评价和成果性评价。

7. 反思践行

以上 6 个环节是建构知识和提升能力的过程性活动，而要真正内化为素养，还需要经历反思凝练和实践践行，即反思践行。它既包括对议题本身的反思凝练以提出更佳、更合理的方案建议，又包括对活动过程中自我表现的反思凝练以不断提升自身素养。知识和能力只有外化为行动，才能内化为素养。在本例中，每个人既要在网络生活中遵守实名制的规定，又要为完善网络实名制提供更多建设性的建议。

此外，议题中心教学具有学科融合特征，议题探究跨越诸多领域，问题蕴含诸多层面，学生在学习时必须打破单学科思考的线性思维，具备跨领域无学科综合思考的全面思维。议题中心教学需要开放且具支持性的民主教学氛围和讨论环境。教师应鼓励并尊重学生发表自己真实意见及想法；学生必须有容忍异己的雅量、接受不同见解的海量，以及接纳其他观点的肚量。

（三）议题中心教学法与学科讲授式教学法对比

当前，我国课堂教学模式主要是学科讲授式教学法。这种模式基于已知知识学习，强调概念、原理，常以脱离真实情境、远离生活的抽象方式灌输知识、价值、观念，采用接受式学习，着力学生记忆，在一定程度上桎梏了学生思想，僵化了学生能力，抑制了学生创新。学生常常一知半解、知而不信、知而不行，难以养成核心素养。

议题中心教学法以议题为话题，通过议题导入，基于已知知识探究未知知识，强调探究、合作、主动、混合、深度学习，强调学生应对的是错综复杂的事物和真实社会情境，要求学生积极参与社会行动和建设，着力学生素养培养。关于议题中心教学法与学科讲授式教学法的比较见表 2-6。

表2-6 议题中心教学法与学科讲授式教学法的比较

项目	议题中心教学法	学科讲授式教学法
教学目标	侧重育人，进行素养教育、公民教育，培养有责任感、有行动力的社会公民。 （1）了解各种观点。 （2）理解知识建构的过程及知识背后的价值导向，培养学会学习素养。 （3）培养学生交流沟通的能力；理性思考、辩证分析、公共参与的素养	侧重育知，进行单学科知识教育，意图培养掌握系统学科知识的"学科专家"。 （1）了解学科知识概念、原理、体系。 （2）掌握前人所界定的知识与价值观。 （3）培养识记知识、运用知识的能力
学习模式	属于多元动态教学、生成性学习。 （1）跨学科混合学习，强调学科间的交融性、统整性，不人为地把知识割裂为各个学科。 （2）以议题为学习组织要素。 （3）注重深度，属于深度学习，强调素养层次；又涉及广度，强调素养层次。 （4）学生主动、合作、探究、参与式学习。 （5）是一种"既见树木又见森林"的学习	属于单一固态教学、既定知识目标学习、接受式学习。 （1）单科学习，学科以相对独立的方式呈现。 （2）以概念、原理为学习组织要素。 （3）注重广度，属于粗浅学习，强调认知层次。 （4）学生被动、灌输式学习。 （5）是一种"只见树木不见森林"的学习
教学支架	围绕社会争议议题展开，与社会生活密切相关	围绕知识概念、原理和体系展开，与社会生活关系不大
教学活动	建构式的教学。 （1）教学环绕议题开展。 （2）学生经历自主探究、小组讨论的过程，辨析正反双方的观点，并对各种理由、证据进行审慎评估，做出自我判断	结构式的教学。 （1）教学依学科知识结构展开。 （2）学生主要对知识概念、原理和体系进行学习，较少涉及价值判断问题

续上表

项目	议题中心教学法	学科讲授式教学法
评价方式	（1）教师以学生知识的掌握、能力的提升、思维的进步、素养的形成为评量的标准。 （2）答案是开放的、灵动的、多样的；有纸笔测试、过程评价、发展评价；教师评价、同伴评价、社会评价多元评量方式	（1）答案是封闭的、固化的、唯一的，以考试评测学生的学习成效。 （2）多以纸笔测验的形式进行；一般只有结果评价；教师评价
教学效果	（1）培育学生素养。 （2）学生积极参与社会。 （3）适应未来社会发展需要	（1）拓展学生知识面。 （2）学生远离社会。 （3）不适合未来社会发展需要

二、议题中心教学法类型与实例

议题中心教学法的主要模式有决策制定模式、法理探究模式、反思探究模式三种。

（一）决策制定模式

决策制定模式要求学生正确界定社会问题（议题）后，通过各种途径获得充分的信息资源，对涉及议题的各种价值观的观点、前设、后果进行对比与反思，提出多样解决方案并逐一论证，从中做出最佳选择。理智判断、审慎抉择、制定方案是这一模式的主要特征。① 其重点在于做出明确选择。教学过程包括以下三个阶段。

1. 引导教学阶段

这一阶段包括以下步骤：①教师精选并提出可以引发学生学习兴趣、激发学生思考甚至产生争议的议题及相关资料；②学生个体分析资料，从中选择一个感兴趣的子问题深入探究；③教师设置阶梯问题，引导学生对问题做

---

① 朱玉成. 社会性科学议题（SSI）之议题中心教学模式初探［J］. 教育科学，2013（6）：21－25.

全面而深入的分析；④学生界定定义、寻求证据（直接或间接、自身实践或者通过书本或他人；需论证论据真实、观点可靠）；⑤运用大量信息与数据作为论据进行推论、阐述问题实质、追寻价值；⑥在该议题上，澄清自己价值取向、价值立场、价值选择；⑦探讨议题决策，考虑可行解决方案。

2. 讨论议题阶段

这一阶段包括以下步骤：①各小组成员把本组主要论点列在小组海报上，向全班发表，接受质询，进行答辩；②全体学生讨论、比较各种决策方案，做出明确决定，形成一致的行动方案，解释放弃其他方案的缘由。

3. 补充教学阶段

这一阶段包括以下步骤：①教师进行讲评，挑战学生的立场以刺激学生再思考，并补充或澄清相关概念；②学生将最终行动方案提交有关部门，跟进反馈情况；③师生对整个探究过程中的得失进行反思、总结。

决策制定模式适用于需要达成共识的议题。其关键特征是评估提出的各种方案，寻找最佳解决方案；师生达成共识，形成一致价值导向，做出最佳决策。活动需要学生做出一个明确结论及解决方案，并且递交至有关部门，属于社会行动参与派。决策制定模式教学的根本目标是让学生熟悉决策过程，学会从公共利益最大化角度做出最佳选择，侧重理性决策，培育理性思维。

（二）法理探究模式

在处理社会争议议题时，法理探究模式与决策制定模式同样认可"不同观点间需充分对话和讨论，通过协商获得最佳结果"[1]。但法理探究模式关注的是学生"如何参与讨论"而非"讨论的结果"，即学生如何参与公共议题的议论、议论的程序是否正当。其重点在于学生讨论技巧和能力的培养。

法理探究模式教学过程包括：①在法理探究程序上，学生能设定讨论范围、确定讨论焦点、明确讨论次序、探究讨论观点。②教师让持相同观点的学生进行充分讨论、寻找论据、论证观点、提出方案。③教师让持不同观点的学生之间对话、交锋、辩论。④双方在适当时候对调观点，再进行讨论、

---

① 朱玉成. 社会性科学议题（SSI）之议题中心教学模式初探［J］. 教育科学，2013（6）：21－25.

论证、寻求方案。⑤学生反思讨论过程。

结构性争议模式是法理探究模式的常见模式。其具体教学步骤为以下三个阶段。

1. 引导教学阶段

这一阶段包括以下步骤：①师生共同选择一个重要的争议性议题；②按四人一组把全班分为若干组，每小组内部，两人选择并且论证赞成观点，其余两人选择并论证反对观点；③教师提供相关参考书目，指导学生阅读相关资料，提供有关实例，学生在教师指引下论证所持的观点。

2. 讨论议题阶段

这一阶段包括以下步骤：①赞成方阐述观点及论据，反对方聆听、提问、反驳；反对方阐述观点及论据，赞成方聆听、提问、反驳。双方进行第一次交锋辩论。②双方互换立场，重复引导教学阶段第③及本阶段第①步骤。双方进行第二次交锋辩论。③小组成员暂时摒弃立场，努力形成共识，或提出第三种观点。④各小组把本组主要论点列在小组海报上，向全班发表，接受质询并做出答辩。

3. 补充教学阶段

教师进行讲评，挑战学生的立场以刺激学生再思考，并补充或澄清相关概念。

结构性争议主要有三大特征。一是立场互换。互换立场让学生深入思考同一议题的正反两面观点，可更充分、更全面、更深入地认识和理解不同观点的理据，了解议题立论观点的强弱，培养学生换位思考和辩证思考的能力，培养科学精神。二是小组协商。通过小组协商，达成对议题的共识，让学生体会冲突与争议的产生，懂得如何通过民主程序达成共识，是一种体验式的民主学习过程，有利于培养学生的规则意识和法治意识。三是结构反思。教师引领学生反思讨论的程序及技巧，把培养学生参与议题探究讨论的能力与素养作为教学目标。

例如，以"大城市是否应该限制外地车进入"为议题进行结构性争议模式教学。教学步骤具体如下。

（1）教师把全班分为若干个四人小组。

（2）小组内两人持"大城市应该限制外地车进入"的观点，另两人持"大城市不应该限制外地车进入"的观点，各自通过实地调研、文献法等收集己方资料、论证己方观点，并准备批判对方观点的素材。正方从限制外地车进入大城市有利于解决交通拥堵、大气污染、人口拥挤等方面论证。反方从限制外地车进入大城市不利于经济发展、人文交流、易造成区域对立、不利于发挥大城市带动区域发展、有悖开放包容精神等方面论证。

（3）各小组内进行各自观点阐述、质询，进行第一次交锋辩论。

（4）小组内双方互换立场，再收集资料、论证阐述，进行第二次交锋辩论。

（5）各小组努力形成共识，或提出第三种观点。

（6）各小组代表在全班阐述本组主要观点。经过结构性争议模式教学，每个学生对"大城市是否应该限制外地车进入"这一议题的正反角度都进行了思考论证，对议题的理解就会更加全面深入和客观理性，在解决问题的时候就能从单一的措施治理向综合的系统治理转变，就能从单纯的措施思考向多维的措施背后人文价值的追寻发展。青少年网络游戏沉迷引发的"如何对待网络游戏"等争议性议题，也适用于此教学模式。

法理探究模式适用于冲突性较高的议题。其关键特征是设置立场互换步骤，让每个学生都能思考同一议题正反两面观点，通过小组追问与协商，达成共识。活动不追求达成一个明确结论，只强调对讨论过程做出检讨，考虑如何让讨论更丰富与深入，属于社会程序促进派。法理探究模式教学的根本目标是让学生熟悉讨论的程序，提高讨论的技巧与能力，侧重程序正当、辩证思考，培养辩证思维和法治意识。

（三）反思探究模式

支持反思探究模式教学的学者认为，社会文化是丰富多彩、不断发展的，学生应当成为社会变革的能动者；课堂是学生反思、解决社会问题、推进社会发展的场所，是社会文化建构和创新的地方。反思探究模式从"社会文化建构"视角对当前社会议题进行探究，反思探究的重点是对当代重要价值与社会常规进行批判审视，以期引导学生参与社会文化的反思与重构，推进文化发展，其重点在于推动社会的发展。

教学过程包含以下步骤：①陈述议题；②依据问题特点提出若干假设；③界定有关概念、术语、假设的内涵和外延，确保讨论聚焦；④以各假设为引导，搜集资料、探索假设；⑤评估、验证各假设；⑥对各假设表示赞成或拒绝；⑦形成结论，提出解决问题的方案。

例如，近期大学生校园网络贷款引发的诸如"裸贷、高利贷"等问题引起社会各界高度关注。为此，师生可以"大学生信贷安全"为议题进行反思探究。教师可陈述"大学生信贷安全"的现实情况；引导学生调查分析大学生"为什么需要贷款？为什么需要网络贷款？为什么要接受高利贷？为什么需要裸贷？国家、学校、个人如何规避网络贷款的风险？"等等；引导学生在各种设问分析的基础上提出解决方案，推动校园信贷安全的发展。因爱国主义主旋律电影《战狼2》《长津湖》票房火爆而引发的"中国电影到底需要怎样的题材"的议题，也适用反思探究模式，以此为议题有利于探讨中国电影文化的发展方向。

反思探究模式适用于冲突性较弱的议题。其关键特征是针对探究议题提出若干假设，追寻问题解决各种方法，不断总结、评估、验证各种假设，不求共识，只求更新。活动结果是通过验证假设，最后得出的一般原则，侧重理论建构，属于社会文化建制派。反思探究模式教学的根本目标是聚焦不同观点背后的基本立场、假设及价值观，探究新原则、新方法、新理论，侧重建构社会文化，培养求异创新思维。

（四）议题中心教学法主要类型的对比

以下我们通过列表格的方式来说明议题中心教学法的三种不同类型（见表2-7）。

表2-7 议题中心教学法主要类型的对比

项目	决策制定模式	法理探究模式	反思探究模式
根本目标	（1）让学生熟悉决策过程，学会从公共利益最大化角度做出最佳选择。 （2）侧重理性决策，培养理性思维和公共参与素养	（1）培养学生熟悉讨论的程序、提高讨论的技巧与能力，培育科学精神。 （2）侧重程序正当、辩证思考，培养辩证思维和法治意识	（1）聚焦不同观点背后的基本立场、假设及价值观，探究新原则、新方法、新理论。 （2）侧重建构社会文化，培养求异创新思维

续上表

项目	决策制定模式	法理探究模式	反思探究模式
活动结果	（1）学生需做出一个明确结论及解决方案，并且递交至有关部门。 （2）属于社会行动参与派	（1）不追求达成一个明确结论，只强调对讨论过程做出检讨，更多考虑如何让讨论更丰富与深入。 （2）属于社会程序促进派	（1）通过验证假设，最后得出一般原则，侧重理论建构。 （2）属于社会文化建制派
关键特征	（1）评估提出的各种方案，为议题寻找最佳解决方案。 （2）师生最终达成共识，形成一致价值导向，做出最佳决策	（1）设置立场互换的步骤，让每个学生都能思考同一议题正反两面观点。 （2）通过小组追问与协商，达成共识	（1）针对探究议题提出若干假设，追寻问题解决各种方法。 （2）不断总结、评估、验证各种假设，不求共识，只求更新
强调重点	做出共同价值选择，着重在"分享立场""产生解决方案并排序""达成共识方案"	经历小组内的"互换正反角色"与"观点抉择取替"，着重"理性思维"培育	以"形成假设"作为连接点，对假设进行论证，不断提出各种可能方案，促进社会文化发展
适用范围	需要达成共识的议题	冲突性较高的议题	冲突性较弱的议题
社会取向	从社会适应视角培养学生参与民主社会的核心素养		从社会重建视角培养学生参与民主社会的核心素养
示例	"城市交通拥堵治理"等议题	"征收房产税"等议题	"青年学生先创业还是先就业"等议题
共同点	（1）学生都要面对争议议题，经历冲突情境。 （2）注重学生在探究中深度学习、高阶分析、理性思考。 （3）学生自主合作探究参与和教师高质量指引		

第三节　社会活动教学①

一、社会活动教学的实施及类型

2024 年 3 月 9 日下午，教育部部长怀进鹏在答记者问时指出："我们要合理引导学生在社会大课堂中经风雨、见世面、长本事，积极面对现实，让孩子们在全社会共同关心关爱的环境中健康成长、快乐成长。"2016 年 9 月颁布的《中国学生发展核心素养》提出，"社会参与"是学生发展的重要核心素养。《普通高中思想政治课程标准（2017 年版 2020 年修订）》把"公共参与"作为学生的四大学科核心素养之一，强调学生的活动体验是其思想政治素养发展的重要途径；在课程教学实施方面提出了"活动型学科课程的教学设计，……系列化社会活动的有效开展的途径"等建议。可见，社会活动教学必将成为中学思想政治学科核心素养教学的重要方法。

（一）社会活动教学的定义

所谓社会活动教学，是相对于传统学校课堂教学而言的，是在素养目标指引下，学生有目的、有计划、有主题、有收获地参与各种相关社会活动，历经社会活动设计、参与、记录、反思、总结、提升、交流、分享、沉淀、习得等环节，在社会活动参与中不断学习知识、提升能力、习得素养的活动化教学方式。

（二）社会活动教学的特点

不同于当前"为活动而活动"或"只有活动没有学习"的学生社会活动，社会活动教学基于"社会活动"和"教与学"，既有社会活动的参与性、实践性、多样性、真实性、复杂性、趣味性等特点，又有传统教学的教

①　部分内容发表于《思想政治课教学》2017 年第 6 期，收入时略有调整。

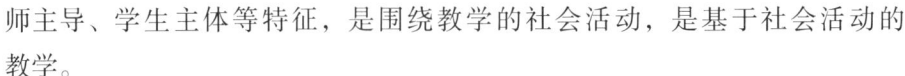

师主导、学生主体等特征，是围绕教学的社会活动，是基于社会活动的教学。

1. 社会活动教学的基点（载体）是"社会活动"

相对于传统课堂教学，社会活动为教学提供了更广阔的空间、更丰富的资源、更真实的情境、更有趣的话题、更多样的形式，是在社会大课堂中实施的活动型教学。它具有以下五个特点。

（1）情境真实性。社会生活是丰富多彩、复杂多变、具体真实的，并非教材文字、教师语言可以全面、真实、准确、生动描述的。基于对社会生活真实情境的学习，告别学校课堂温室般、真空化、虚拟性学习，可提升学生学习的信度和深度。理论是对复杂情境知识的高度概括和抽象，社会生活教学建构起理论与现实的桥梁，让理论原理回到真实社会情境，使理论因为生活而鲜活、原理因为活动而生动，让学生因为社会活动而感触理论的效度和温度。

（2）内容活动性。相对于课堂教学内容的系统性、理论性、抽象性、枯燥性，社会活动教学把教学内容寓于形式多样、趣味无穷的社会活动中，或游戏，或研学，或参观，或调研，或体验，在欢声笑语、寓教于乐的教学过程中，让知识更加生动、理论更富生机、学生更加乐学、目标更易达成，进而在社会活动中不断深化知识、锻炼能力、培育素养。

（3）学习主动性。区别于以往课堂教学的接受式被动学习，社会活动教学基于真实社会活动，面对复杂情境，遭遇各种问题，遇见更多未知，必然推动学生转变学习的态度和方法，使其变被动学习为主动学习、变浅层学习为深度学习、变单科学习为跨学科学习、变概念学习为项目式学习、变知识学习为素养能力学习。

（4）社会参与性。社会是最真实的教材和课堂，参与是最好的体验和学习，活动是最有效的形式和方法。纸上得来终觉浅，绝知此事要躬行。只有历经社会参与，才会有学习的感悟领悟，才会有知识的反思总结，才会有能力的提升内化，才会有实践的优化进化。

（5）素养全面性。社会实践既是知识的原点，又是知识的终点。经历社会活动教学，学生面对新情境、新问题产生新认知，获得新思想，得到新发展，掌握了知识，锻炼了能力，习得了素养，提升了参与社会生活、解决各种问题的能力，真正实现了从知识目标到能力目标、素养目标的飞跃。

2. 社会活动教学的原点（本质）是"教学活动"

相对于当前常见的学生社会活动或者综合实践活动，社会活动教学的本质是一项教学活动，而不是简单、粗放的参与体验活动。作为教学活动，其必然包含教师的"教"与学生的"学"这两个基本要素，具有以下四个主要特征。

（1）教师精细主导。社会活动教学由于比课堂教学更复杂、更多变，涉及学生的人身、财产安全，关乎学生的能力培养、价值形成、素养习得、人生体验、社会认知，从而更需要教师发挥高质量的主导作用，不能以"相信学生、锻炼学生、放手学生"为借口进行放羊式散养。教师的活动前备课（活动目标、活动要求、活动步骤、活动任务）要更加科学精细，活动中指导交流要愈加及时到位，活动后激励评价要越发即时高效。

（2）学生真实主体。学生真实主体是指在社会活动中，要正确处理好教师的主导和学生主体关系，教师不能以安全为借口越俎代庖、大包大揽、操控学生社会活动、抑制学生参与社会活动的能动性和主动性，只让学生当听众、观众、看客。要让学生参与、体验、感受、实践、行动，在确保安全前提下，就应该大胆地让学生真实参与、能动参与。

（3）教学项目引导。不同于传统课堂教学以知识逻辑单学科分模块分节次教学，社会活动教学围绕社会政治经济文化生活现象、主题、议题、问题进行项目（现象）教学，是在实践逻辑的基础上兼顾知识逻辑、思维逻辑的跨学科、多模块深度教学，克服了知识逻辑教学的去生活化、实践逻辑教学的去知识化、思维逻辑教学的去生动化，实现了实践逻辑、知识逻辑、思维逻辑的有机统一。

（4）师生共同参与。在社会活动教学中，师生是社会活动教学共同体关系。教师既是教学活动设计者、教学过程指引者，又是社会活动参与者与学习者。在参与中，教师一方面提升本人的社会参与能力，另一方面不断完善自己的社会活动教学能力。在此教学过程中，学生既是社会活动参与的学习者，又是通过参与社会活动促进社会发展的建设者。

（5）习得优质高效。当前学生社会活动由于目标不清、计划不全、步骤不明、评价不准，学生习得效率低下，只能算社会活动，还不能称之为社会活动教学。社会活动教学从本质上来讲是一种教学活动，学生从身份来讲还是学生，社会活动只是教学活动的一个载体，在社会活动中优质高效地学习知识、锻炼能力、习得素养才是社会教学活动的原点。因此，社会活动教学既要重视学生的参与感，又要重视学生的获得感。学生的学习目标要清晰，学习态度要端正，学习过程要认真，学习效果要评价，学习收获要反思，学习成果要分享。

（三）社会活动教学的意义

正如中学的物理、化学、生物等理科需要进行实验教学，思想政治学科作为社会学科，开展社会活动教学是必然和应然的，脱离社会生活、远离公共参与、缺失公民责任、空谈核心素养的一切纯理论唯知识教学都是虚伪教学。开展社会活动教学不但能培育学生核心素养，而且是培养学生的创新精神、社会责任感、社会实践能力的重要途径。

1. 有利于培育学生的核心素养，促进学生全面发展

政治认同、科学精神、法治意识、公共参与等核心素养的培育既需要理论知识的基础，又需要在社会活动中内生和外化。只有把理论观点的阐述寓于社会生活和学生活动的主题之中，才能让学生在参与社会生活中理解理论的旨趣，才能在践行价值观中内化为自觉的行动，真正实现知、信、行的统一。离开社会活动的素养教育永远只是认知教育，谈不上能力更不能称为素养教育。在各种社会活动中，学生面对各种活动主题和现实任务，获得参与各种社会政治、经济、文化等生活的积极体验，增加了政治认同感；面对大量的信息，学生在获取、甄别、整理、归纳信息中培育了科学精神；在遵守社会法律和活动规则中树立了法治意识；在参与各种社会活动，积极投身社会公共事务的建设中育得了公共参与素养。

2. 有利于培养创新人才

当前，应试教育模式、传统的人才培养方式盛行"机械灌输""反复识记""低效的强度训练"，使学校教育与现实生活相差甚远，不仅扼杀了学生的创新精神，还致使许多学生在走向社会后缺乏可持续发展能力。社会活动教学有利于激发学生学习的积极性和主动性，促使学生关注社会、关心时政，将课堂从封闭的知识世界开放到真实的现实生活中，让学生通过项目研究、主题研究、问题研究、调研研究、课题研究等社会参与活动，思考并尝试解决社会生活问题，形成乐于合作的团队意识，培养严谨求实的科学态度、勇攀高峰的进取精神、百折不挠的意志品质，形成乐于求知、敢于质疑、善于探究、勤于动手的积极态度和正向情感，激发探索创新的欲望，养成主动探究的态度、理性批判的精神，是一种从内容到实践都具有开放性的

人才培养模式。

3. 有利于增强学生的社会责任感

在公共参与、志愿服务、服务学习、社会调查、研学旅行、职业体验、项目学习、议案撰写等社会活动过程中，学生接触社会、走近群众、深入生活、参与实践、进行调查、开展研究。社会活动教学更能激发学生的好学精神与爱国热情，进而让学生学会关心社稷安宁、人民福祉、民族振兴、世界和平，自觉把"个人梦"与"中国梦"紧密联系在一起，把人生理想融入国家富强、民族复兴的伟业之中，把国家的发展目标变成自己的自觉行动。

（四）社会活动教学的实施

社会活动教学的实施包括以下步骤：教师研究课程标准相关内容和教学建议，精心设计有关社会参与活动；悉心指导学生科学进行有效的社会活动参与；学生全身心投入相关社会活动（研究性学习、社会调查、社会服务）；学生收集、凝练社会活动成果；学生进行反思、内化、分享。

1. 精心策划，悉心指导

社会活动不是学生的自由活动、散漫生长，而是高要求、精设计、巧激励、妙指引的高效优质学习活动，是教学活动的社会化，是社会活动的教学化。社会活动教学设计必须有详细的目标、缜密的计划、科学的指引、严格的要求；要制订详细的活动表格，提出清晰的任务要求，设计严谨的流程和时间计划，拟定科学评价标准；提出具体的格式、时间、内容、负责人、质量、安全要求；要做到系统精细设计（见表2-8）。

表2-8 _____模块社会活动（ ）教学设计

课题 （内容标准）	
活动目标	通过哪些具体活动、任务，可实现哪些素养目标
活动主题 （内容）	

续上表

活动时间			
活动地点			
活动流程			
活动要求（任务）			
活动过程	学生社会活动	教师指导活动	活动评价
活动反思			
活动收获	知识方面、能力方面……的素养得到提升		

学生在社会活动教学实施前必须根据教师的教学计划，认真做好活动准备，包括知识储备、分工准备等，明确各自的分工和任务，做到有的放矢。

2. 过程记录，事后反思

学生参与社会活动教学的过程要有详细的过程记录，对于数据、原始材料要及时、完整地收集和保存；事后要及时反思、总结，提出改进意见；记录的形式可以是文字、照片、视频、原始材料等。教师在活动中必须统领全局，及时跟踪指导，做好教学过程记录和学生参与态度能力评价，做好安全保障和协调工作（见表2-9）。

表2-9 _____模块社会活动（　　）记录表

学校_____ 班级_____ 姓名_____

活动主题	
活动目标	
参与过程记录	

续上表

资料收集及分析	
活动成果	
活动反思	
活动收获	

3. 成果凝练，素质升华

每次社会活动开展过后，教师都应要求学生利用科学的方法对资料进行分析，提出符合规范和格式、具有一定质量的活动成果（调查报告、研究性学习报告、论文、建言献策等），并且以此作为活动评价的主要依据（见表2－10）。

表2－10 _____模块社会活动（ ）成果表

学校_____ 班级_____ 姓名_____

活动主题	
活动目标	
活动成果	
活动效果	

4. 分享共勉，素养积淀

教师对每个学生的成果作品都要进行及时评鉴，以促进其发展。每个学生的成果、心得、体会在班级内进行交流展示，班级对优秀成果进行表扬与鼓励，教师及时对学生分享交流的态度、能力进行评价。

（五）社会活动教学的类型

社会活动教学的类型包括以公共政治参与、服务学习、职业体验、社会调查、研学旅行、志愿者活动、专题访谈、参观访问等社会活动形式开展的教学。

1. 公共政治参与

公共政治参与是指学生真实而非模拟地参与国家政治生活中的民主管理、民主决策、民主监督、民主选举等活动。例如，在参与民主管理方面，学生可以就居委会的环境治理、治安管理、交通管理、文化教育、居民福利等其中某一项内容进行调查研究、献计献策。在参与民主决策方面，学生可以通过国家机关官网、政府12345热线、听证会等途径参与民主决策，提出合理化建议。在参与民主监督方面，学生可以通过电话、微信公众号、微博等手段，对社会环境、治安、建设、交通、政风等进行实名举报。在参与民主选举的时候，如果符合法定选举年龄，学生就须认真履行好选举权利，利用所学的政治知识积极参与社区代表、人大代表等选举；如果不符合法定选举年龄，学生可以积极协助有关部门做好选举的宣传后勤服务志愿工作。

2. 服务学习

服务学习是一种基于实际问题的学习方式（教学方式），是美国当前社会科教学的主要形式，是一种将学校公民课程和社会服务相联系的必修课程。学生在服务社区的时候，可以从服务中获得相关的知识技能素养，进而培养社会责任感。例如，学生到革命纪念馆进行服务学习，就必须首先了解革命纪念馆建立的背景和意义、革命事迹；参与书香社区建设服务学习的时候，就必须首先了解书香社区建设的意义、途径、方法，知道如何同政府有关文化部门沟通和联系等。

3. 职业体验

在2018年全国推展的高考改革对学生的生涯发展规划、职业发展规划提出了新要求。为了更深入、更真实地了解社会各种职业，寻找自己发展方向，学生可以在假期（例如寒暑假、国庆或者五一假期）参与职业体验活动。在假期开始前，根据本地、本校、家长、学生实际，设定若干职业大类（国家机关、政府部门、事业单位、企业、工厂、商业、农业……），由校方、学生家长出面联系实践单位，学生自主报名、竞争上岗；每小队由4~8名队员组成，选举队长，每队配置一名带队教师或家长；活动前，学校召开带队教师、家长、学生会议，进行有关实践目的、内容及团队规章制度的培训；活动要有真实记录、反思、交流与分享。职业体验类社会活动教学可以用于"企业和劳动者""价值与人生价值"等内容的教学。

4. 社会调查

社会调查是针对社会生活中的某个主题、问题、议题、事情，通过深入细致的调查研究，揭示事情的真相本质、前因后果，分析规律趋势，提供方法建议，递交调查报告的活动。调查的对象是人们关心的社会经济与发展问题，要求事例和数据真实具体典型，分析科学准确翔实，建议切实可行。社会调查类社会活动教学可以用于任何模块的教学。

5. 研学旅行

研学旅行是由教育部门和学校有计划地组织安排，以集体旅行、集中食宿方式开展的，研究性学习和旅行体验相结合的校外教育活动，是教育教学的重要内容。[①]

读万卷书不如行万里路，在研学旅行中，学生走进祖国美丽河山，走向质朴民众、多彩民族、伟大成就，从而激发爱党、爱国、爱民之情，坚定立志成才、报效祖国、服务人民之志，实现生活经验与理论知识的深度融合。研学旅行是"研学"和"旅行"的统一体，是社会活动教学的一种形式，在实践中要避免"旅而不学"或"学而不旅"的情况。学校和教师要目的明确、活动有趣、保障有力、学习有效、研学有获地精心设计活动课程和教学。例如，通过自然和文化遗产之旅进行对祖国大好风光、民族悠久历史、文化习俗的研学；通过红色之旅进行关于理想信念教育、爱国主义教育、革命传统教育的研学；利用美丽乡村之旅进行关于经济发展方式的研学。研学旅行社会活动教学可以用于"文化传承与创新"等内容的教学。

6. 志愿者活动

志愿者活动是一种基于项目（主题）的学习方式，思想政治志愿者活动教学是把思想政治课程教学和志愿活动结合起来的社会活动教学。例如，参加关爱老人或留守儿童或外来工子弟、情系农民工等志愿活动的时候，教师可以结合课标教学提示或教材综合探究的提示进行项目式教学，让学生利用所学的知识，在参与志愿活动中进行调查研究，提出合理建议。

实践出真知，实践更出素养。一切认为社会活动教学不利于学生成长、

---

① 教育部等11部门. 教育部等11部门关于推进中小学生研学旅行的意见［EB/OL］. (2016 - 12 - 02)［2017 - 12 - 02］. http://www. moe. edu. cn/srcsite/A06/moe_1492/201612/t20161219_292354. html.

不利于学生高考的命题都是杞人忧天的伪命题，都是不思进取、不负责任、不敢担当的教育。唯有根植于社会实践，通过社会活动教学，在真实的社会参与中，才能真正实现从知识教学向学科核心素养教学转变，实现为素养而教、为素养而学。唯有从教育的本义、本源、本质上寻找教学的方法，才能实现立德树人根本任务。最美的教育始终在路上。

（六）社会活动教学的评价

1. 以高考评价作宏观政策引领

毋庸置疑，高考评价一直在左右一线教师的具体教学，再有意义、有价值的教学方法如果不能对高考成绩有明显效果，教师也会主动或者被动地使用讲授式教学法。要发展学生核心素养，就必须发挥高考的实际引导功能。一方面，在大学人才选拔机制上，把过程性评价切实落到实处，把学生社会活动参与的态度、成果、效果作为重要的选拔依据；当前，学生参加社会实践活动已作为学生综合素质评价的重要部分，也列入了重点大学综合评价招生的主要依据。另一方面，在高考命题上，增加有关社会活动内容和题材的考核，把积极参与、高效参与社会活动的学生选拔出来。当前部分省份的高考试题已有相关内容。

2. 以日常评价作微观教学指引

社会活动教学的微观评价从目标看，包括对学习内容效果的评价，对学生在活动中所表现出来的素养、情感、态度、能力、行为的评价。从活动组织设计看，包括学习目标是否清晰、内容是否明确、安排是否合理、组织是否恰当、资源是否充分利用、学生的主体性创造性是否得到充分发挥、学生的交往能力是否得到增强等方面。从效果看，包括学生的能力是否得到锻炼、核心素养是否得到提升，是否在活动中有存在感、获得感、成就感等方面。从主体看，应以学生的自我记录、自我小结为主，同学、教师、家长、其他相关人员共同参与。从形式看，既应有量化评价，又应有质化评价（见表2-11）。

表 2-11　　　　社会活动评价表

学校_____　班级_____　姓名_____

维度	描述	等级
活动的价值取向		
积极参与、主动承担		
与小组同学相互配合		
资料收集，分析的方法科学、精准、充分		
活动成果丰富		
积极主动分享、反思		
活动效果明显		
其他		

注：（1）描述填写的内容为真实记录，包括文字、成果、视频、图片的佐证。

　　（2）等级包括"卓越""优秀""良好""合格""基本合格""还需努力"六个

　　　　级别。

二、服务学习——社会活动教学新形式

服务学习源于体验学习、项目为本学习，于 19 世纪末 20 世纪初在美国盛行。当前，服务学习在美国的中小学以及大学普遍开展起来。到 2000—2001 学年，1.3 亿美国学生的评估都涉及服务活动。服务学习作为一种把"公共服务"和"学习"综合起来的活动型课程，让学生在"做中学""错中学""挫中学"，既有助于公民素养的培育，又有助于学科核心素养的习得。

（一）服务学习的定义及理论依据

1996 年，美国国家教育统计中心在"全国学生服务学习与社区服务之调查报告"中，将"服务学习"界定为：以课程为基础的社区服务，它整合了课堂教学与社区服务活动。这种服务必须做到以下几点：配合学科或课程而安排；有清晰的学习目标；在一段时间内持续地探讨社区的真正需要；

有定期安排的经验报告、学习体会或批判分析等交流活动来帮助学生学习。

服务学习的理论渊源来自教育学家约翰·杜威的经验学习。杜威认为，学生的各种经验是教育的核心，学生既要从课程中学习，又要从活动中学习，他把后者称为"同时学习"。经验活动让学生学到了许多在课堂上没有获得知识和技能，为学生提供了理论联系实际的机会。

（二）服务学习的意义

1. 促进学生深度学习

服务学习作为公民教育的一种新形式，注重学生在实践中学习，在真实情境中学习，以获取直接经验。服务学习通过学生的积极参与、对话与合作，促进学生公民知识、技能的获得，提高与同伴和其他社会成员相互合作，共同分析、讨论及解决问题的能力，以培养学生的学习能力、创新能力、语言表达能力。

2. 培育学科核心素养

服务学习既是一种社会实践活动，又是一个学习过程。在服务社会过程中，学生通过对社会的接触、感知、理解，提高了政治认同感。服务社会的过程也必然推动其理性思维、批判思维、辩证思维等科学精神的发展。服务社会的过程，就是一个尊重规律、尊重法治的过程，它培育了学生的法治意识。学生在服务社区、服务他人的过程中形成了责任意识和主动精神，锻炼了社会参与、人际交往能力，增强了公共参与素养。

（三）志愿服务和服务学习的本质区别

志愿服务的核心是提供服务，而服务学习则将课程、服务和反思结合起来。服务学习不同于志愿服务的关键点在于：服务学习制定了具体的课程目标，将服务、课程和反思相结合，并通过系统的设计、规划、督导、反思和评价来实现预期的课程目标。

服务学习是一门课程，有具体学习目标，并能转化成学习单元，让学生课前准备和课后讨论，因此服务学习对服务主题要求较高，因为其除了能让学生获得服务经验，还必须兼顾学习的意义。

（四）服务学习的建构

1. 服务学习关键特征

（1）课程融合。基于服务项目进行跨学科、多学科融合式教学，有利于学生克服学校分科教学"只见树木不见森林"的人为割裂知识联系的弊端，让学生系统地理解知识、把握现象、认识世界。例如，学生完成街道（社区）环境保护这一服务学习项目后，在思想政治课上可以讨论公民责任，公民如何参与公共管理、公共决策，公民道德修养等；在地理课上可以讨论环境规划和治理问题；在生物、化学课上可以讨论环境清洁和治理的技术；在语文、美术课上可以探讨环境保护的宣传、设计等；在课外实践课上可以成立社区环境保护组，收集数据，确定城市中需要清除的地方，与当地的管理机构合作开始实施该项目。这种跨学科的方法不仅将课堂学习与真实世界联系起来，而且让学生提前了解、接触不同的职业，进行职业体验，做好生涯规划。

（2）系统反思。区别于志愿者服务只重体验、重服务的特征，服务学习既重体验、重服务又重学习。服务学习要取得学习效果，需要优质高效的系统反思，没有反思就没有学习。反思的内容包括服务前准备有关活动的计划、涉及的相关知识，服务中各种活动的统筹和技能、应急的反应等，服务后对本次活动的体验、活动的思考、感悟等，系统反思有利于高效学习，优质服务。

（3）多样体验。服务学习的内容涉及社会方方面面，可以为学生提供多样的学习体验。例如，为社区公共环境、卫生、交通、治安服务；为留守儿童、外来工子弟、孤寡老人、残障人士等有特殊需要的人提供服务；等等。服务学习也可以依托社区服务基地来开展各种各样的体验活动，学生从不同的活动中所得不同却能从同等重要的体验中受益。例如，在博物馆服务既可以帮助学生了解历史、地理、人文等知识，又能锻炼学生的表达、沟通、协调能力；在外来工子弟学校服务有利于学生更好地了解外来工子弟的生活，学会社会关爱，培育人文素养。

（4）多方协调。服务学习涉及学校、学生、社区、家长、有关管理部门以及公众，需要多方合作与协调。学生可以运用服务学习的策略来满足社区的需要，在服务当地社区的过程中显示自身价值。

2. 服务学习三要素

（1）充分的准备，包括为要学习的技能确定目标或确定要考虑的问题，制订项目计划，在开展服务活动的同时促进学习。

（2）提供服务，要求为服务对象带来服务效果。

（3）讨论反思，即参与者通过讨论及反思分析经验，形成收获。

3. 服务学习实施步骤

服务学习活动通常包括准备、合作、服务、反思、庆贺等环节（见图 2-3）。

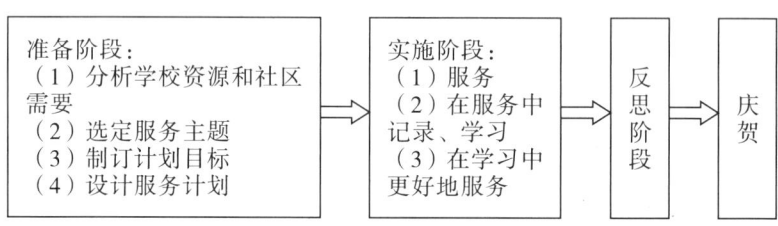

图 2-3　服务学习实施过程

（1）准备。社区是学校进行服务学习场所，学生或者师生一起通过直接观察、问卷调查、社区重要人物访谈等方法评估社区的服务需求，确定服务学习的主题，制定适应社区需要的服务方案。方案通常包括服务主题、课程目标、服务参与者、服务时间及地点、学生学习活动方式、教师教学组织形式、设备、评价方案等。服务学习课程方案至少要回答四个问题：学生要学什么、为什么要学、如何学、如何评价学习成果。

（2）合作。学生与当地社区、学生之间形成伙伴关系，共同解决社区问题。

（3）服务。学生实施有助于社区的服务计划。

（4）课程统合。学生为解决社区问题而运用在学校里掌握的知识，并且不断进行学习，掌握知识和技能。

（5）反思。反思是决定服务学习成效的关键环节，是学生对服务学习活动进行记录、思考、评价并接受反馈的过程，它是将服务活动与课业学习连接起来的桥梁，没有反思这个环节，服务学习就只是一般的志愿者活动，不能成为学习（见表 2-12）。反思的形式可以多样化，既可以是个人反思，又可以是小组反思；既可以是撰写反思日志，又可以是小组讨论、撰写研究报告等。

高质量的反思应遵循五个 C 原则：①联结（connection）。反思应有助于建立学校与社会、学科知识与实践体验、情感与认知、现在与将来等多方面的联系。②持续（continuity）。反思活动应该是持续的，其贯穿于整个服务学习活动始终。活动前侧重于反思自己对服务学习的看法、预期等；活动过程中侧重于反思感受、体验；活动后则侧重于总结、提炼服务学习活动的经验教训，并思考如何将获得的新知识应用于后续的服务活动中。③情境（context）。应强调反思如何将所学的知识技能应用于真实的问题解决中，促使学生将课堂所学运用到现实中。④挑战（challenge）。真实情境中的服务学习活动往往会让学生产生认知冲突，通过反思，学生直面这种冲突、挑战，形成更为复杂、全面的认识，进而促进其心智和社会性的进一步发展。⑤督导（coaching）。学生的反思应该得到教师的反馈，尤其遇到挑战性问题时，教师应适时给予情感、认知等方面的支持和辅导，以引导学生更为积极、有建设性地投入服务学习活动中。

表 2-12　学生反思

内容	问题	记录
事件	（1）本周你的服务工作是什么？ （2）人们对你有何反应？ （3）你遇到什么问题？你对问题有何反应？ （4）你有何成功之经验？ （5）下一周你有何计划？	
自我	（1）参与本周的服务活动，有何感觉？ （2）你用什么技术协助别人？ （3）服务活动中什么层面最有趣？ （4）你觉得服务活动中什么层面最具挑战？ （6）有何额外的技术或知识可增进你的服务？	
他人	（1）你和谁一起工作？ （2）他们的价值、信念、希望和梦想是什么？ （3）他们有什么共同点？他们有什么不同？ （4）他们如何觉察他们自己的需求和问题？ （5）他们的工作对他们自己的生活有什么改变？	

续上表

内容	问题	记录
服务	（1）你在协助他们时获得什么？ （2）他人如何经由你的协助获益？ （3）什么或谁让你变得不一样？ （4）什么或谁让你难以接受？ （5）你认为每个人都应该帮助他们的社区吗？ （6）什么价值和信念在服务他人时最重要？	

（6）庆贺。庆贺是一个评价进步、分享学习与成长、收获成果的过程，教师（包括社区成员）借此机会对学生的参与、奉献及成长予以认可和真诚的表扬、鼓励，以期提高学生参与服务学习的效能感、对班级的归属感以及持续投入服务学习的意愿。庆贺方式可以视学生的意愿与喜好而定。应充分发挥学生的创意，通过播放视频、音频素材，PPT演示，创作诗歌、歌曲、舞蹈或小品等来回忆、再现服务学习中真实而深刻的体验。教师及相关部门也可以通过颁发证书、感谢信等方式来庆贺学生的成长及取得的成果。

（五）服务学习案例（见表2-13）

表2-13 关于学校门口交通灯设置的服务学习案例

项目	内容
教学目标	掌握参与民主决策的路径和方法；提升合作沟通能力、统筹协调能力、解决真实生活难题能力；积极参与社会公共服务，践行公益精神，增强社会责任感，培养为人民服务的公共参与意识
准备	学校门口有一个交通繁忙的十字路口，却没有交通信号灯，学生过马路非常危险，路口曾经发生过几次交通事故
合作	学生了解到学校、附近居民都认为安装交通信号灯非常有必要，社区也做过努力，却没有成功

续上表

项目	内容
服务	学校组织"在学校门口装交通信号灯"服务学习活动，目标是通过该活动让学生学会与政府公共服务部门打交道。具体服务有：（1）学生分小组调查设置交通信号灯的必要性、重要性、措施和预算，形成建议书。（2）向公安机关交通管理部门提出建议书。在提出申请过程中，学生了解到看似简单的任务，实际上要涉及很多部门，如交通部门、规划部门、财政部门等。（3）学生向交通管理局递交了建议书，该局许诺会在一定期限内安装。然而，期限到了，交通信号灯却并没有安装。（4）学生又通过人大代表向政府有关部门递交了建议书，直到信号灯装上为止
课程统合	（1）"政治与法治"模块：人大代表、政府的基本职能。 （2）地理：城市规划和道路交通。 （3）"经济与社会"模块：贯彻新发展观念。 （4）语文：调查报告的撰写
反思	（1）在本次活动中，有何收获？学习到了哪些知识？培养了哪些能力？ （2）公民如何和政府打交道？如何参与民主管理、民主监督？ （3）如何撰写一份高质量的调查报告？ （4）有人说交通信号灯、路灯、下水道盖等属于公共物品，只要不威胁自己的安全和利益，没必要去管这些闲事。你认为这个观点对吗？请说明理由
成果及进步	（1）成果：成功在学校门口设置交通信号灯，让同学们的出行更安全。 （2）进步：在这个过程中，学生了解了公共参与的途径，提升了公共参与的意识和能力
庆祝	专门召开一次庆祝会，表彰在活动中表现优异的同学；播放本次活动从策划、行动到结束的记录视频；优秀反思及心得分享
评价	（1）对参加态度、过程、效果进行评价。 （2）评价主体应该包括学生自己、同伴、教师

我们还可以通过开展环境卫生、社区交通、文化建设、治安、娱乐、和谐社区等学习活动进行类似的服务学习，既要有实际行动，又要有方案建议、学习反思，还要把所学知识和实际紧密联系起来。

第四节　深度学习

一、基于深度学习的学科核心素养教学

要将核心素养的研究落到实处，课程是前提，评价是关键，教学是中心环节。无论课程如何变，评价如何变，如果教学不从根本上改变，那么教育改革必然事倍功半。当前中学政治教学大多都是基于认知目标的浅层教学。从教学目标上看，主要是培养学生的知识认知；从教学方法上看，主要是用讲授法演绎教材知识；从教学逻辑上看，是基于知识逻辑展开教学；从教学素材上看，主要是基于教材或者简单举例推进教学；从教学效果上看，难以满足学生素养发展的深度学习需求。真正的学科核心素养教学应该是建立在学生深度学习上的教学。

（一）深度学习的定义

所谓深度学习，就是指在真实复杂的情境中，学生运用所学的学科知识和跨学科知识，运用常规思维和非常规思维，将所学的知识和技能用于解决实际问题，以发展批判性思维、创新能力、合作精神和交往技能的认知策略，深度学习的过程是一个不断掌握知识、获得能力、培养素养的过程。

（二）深度学习的特征

深度学习与注重外部灌输、被动接受、知识认知的浅层学习相比，具有明显特征。

1. 从学习目标上看，深度学习是基于素养的学习，是全面的学习

不同于以知识为唯一或主要目标的浅层学习，深度学习以情感态度价值观、能力、知识三位一体的素养培养为目标。从情感态度价值观角度看，深度学习把情感态度价值观放在学习任务的第一位，培养学生的政治认同情感、科学精神素养、法治精神态度、公共参与愿望等情感态度价值观，以确

保学生扣好人生第一粒扣子,树立正确的世界观、人生观、价值观;从能力角度看,培养学生的学习力、思辨力、创新力、行动力;从知识角度看,培养学生面向生活、问题、项目、实际的,有价值、有生命力的综合系统的知识。

2. 从学习方式上看,深度学习是基于主动合作探究的学习,是主动的学习

深度学习是一种强化情感驱动的"非认知学习",具有自我管理、时间管理等特征,具有明显的自主性、自控性、适应性、效能性。它从被动学习向主动学习转变,从接受式学习向探究式学习转变,从个体学习向协同合作学习转变,从行为主义学习方式向建构主义学习方式转变,从线性学习向混合式学习转变,从线下学习向线上线下融合学习转变。

3. 从学习资源上看,深度学习是基于真实生活情境的学习,是真实的学习

没有知识就没有素养,但只有知识也不是素养。只有将知识与技能用于解决复杂问题和处理不可预测情境所形成的能力和品质才是核心素养。深度学习强调让学生在真实情境里,通过自主与合作学习,迁移所学知识,解决实际问题,从而实现从课本学习向社会学习转变,从理论学习向社会参与学习转变,从拘泥于教材学习向基于真实情境学习转变。

4. 从学习效果上看,深度学习是培养关键能力的学习,是高效的学习

"问题解决、批判性思维、开放性视野和创新能力"被国际公认为21世纪的高阶思维能力。深度学习是适应知识经济、终身学习、信息社会和全球化时代需要的学习方式,注重培养支撑终身发展、适应时代要求的关键能力。在培养学生基础知识和基本技能的过程中,强化学生关键能力培养。一是培养认知能力,引导学生具备独立思考、逻辑推理、信息加工、学会学习、语言表达和文字写作的素养,养成终身学习的意识和能力。二是培养合作能力,引导学生学会自我管理,学会与他人合作,学会过集体生活,学会处理好个人与社会的关系,遵守、履行道德准则和行为规范。三是培养创新能力,激发学生好奇心、想象力和创新思维,养成创新人格,鼓励学生勇于探索、大胆尝试、创新创造。四是培养职业能力,引导学生适应社会需求,树立爱岗敬业、精益求精的职业精神,践行知行合一,积极动手实践和解决实际问题。

5. 从学习内容上看,深度学习是一种学科融合学习

不同于当前分科学习和分科研究,现实生活和问题本来就是综合多变、

复杂开放的，单靠某一方面或某一学科的知识已难以胜任解决问题的重任，需要调动多角度、多维度、系统性、综合性的知识和多方面的能力。因此，需要基于学科内和学科间的课程整合进行跨学科融合学习。

6. 从学习的思维看，深度学习是基于高阶思维的学习

它是一种开放的、批判的、创新的、综合的、发散的思维学习，其突出了深度思辨的思维指向。相对于知识层面来讲，假设、推断、思辨、想象、联想这些思维特质更为重要，正如爱因斯坦所讲："想象力比知识更重要"。通过思辨培养学生敢于实践、勇于探究的科学精神和追求真理、敢于质疑的批判性思维；通过思辨引导学生关注人与自我、人与他人、人与自然、人与社会的关系，形成思考人类的幸福和未来的系统思维；通过思辨引导学生根据具体问题，独立思考、自主判断，比较和辨析不同观点，培养学生发现新问题、提出新观点、探寻新规律的创新思维。

（三）基于深度学习的学科核心素养教学策略

正是由于深度学习具有区别于传统学习的上述显著特征，基于核心素养的教学方式发生变革，它必然以引导学生走向深度学习为导向。基于核心素养的深度教学应该是基于四位一体目标的学科核心素养教学、基于真实情境的主题式教学、基于高阶思维的思辨教学、基于参与体验的活动教学、基于微课题探究的研究性教学的"五基教学"。

1. 基于四位一体目标的学科核心素养教学

教学目标是指教学活动实施的方向和预期达成的结果，是一切教学活动的出发点和最终归宿。深度学习一定是基于知识，又高于知识；基于能力，又高于能力；基于情感态度价值观，又高于情感态度价值观；是在真实生活情境中，学习知识、培养能力、孕育情感态度、形成价值、培育学科核心素养的学习。学科核心素养和知识、能力、情感态度价值观的关系并不是并列递进的关系，学科核心素养是融入三维目标之中的，三维目标是体现学科核心素养的。例如：政治认同包括政治认同知识、政治认同能力、政治认同情感等。因此，在教学目标的制定上，应该仔细分析本课可实现哪些或者哪个核心素养，每个核心素养都融知识、能力、情感态度价值观为一体，教学目标不应再单独列"知识目标、能力目标、情感态度价值观目标"。示例见表2-14。

表 2-14 "市场配置资源"的学科核心素养教学目标

课题	学科核心素养教学目标
市场配置资源	通过……活动明白市场经济的定义，了解市场经济的形成与发展，理解市场配置资源的机制和优点，充分发挥市场在资源配置中的决定性作用。坚持走中国特色社会主义市场经济发展道路，展现道路自信，培育政治认同核心素养
	通过……活动解析市场调节的优势和局限性，理性看待市场经济对我国经济发展的影响，辨析政府和市场的关系，培育科学精神；对于市场调节的负面影响，要综合运用经济、法律、行政等宏观调控手段，培育法治精神

每一框题的教学目标都要基于学科核心素养，但不拘泥于学科核心素养，应该是核心素养基础上全面素养的培养。如果只有学科核心素养，那么不利于学生全面发展；但如果没有学科核心素养，那么不利于学生确立正确的政治方向、培养关键能力和必备学科品质。可以说，学科核心素养是骨架，全面发展是肌肤。只有两者都具备才不会顾此失彼。

2. 基于真实情境的主题式教学

"无情境，不教学"，情境认知是深度学习发生的重要条件。知识根植于特定的情境之中，脱离了特定的情境，知识就只是符号形式。这意味着，脱离特定情境和特定情境中的实践，难以让学生理解和建构知识所蕴含的深层意义。只有基于真实复杂的情境，把知识运用于解决实际问题，在解决实际问题中形成的关键能力才是核心素养，脱离真实情境获得的浅层知识只是认知，形不成能力，养不成素养。

教师必须以鲜活的真实情境而非陈旧的真空理论为起点，点燃学生想学、好学的热情。解决未来的社会问题和实现社会价值更加具有复杂性和不确定性，需要调动多方面的知识、能力和方法。基于真实情境而非简单化纯净化的情境，开展学科内的整合性教学和跨学科的主题学习，是培养学生的综合思维能力、知识迁移能力、跨学科解决复杂情境问题的能力的重要途径。

主题式学习是指学习者围绕一个或多个经过结构化的主题进行学习的一种学习方式。主题式学习以自主探究学习和协作探究学习为主，是一种过程性的学习。在这种学习方式中，"主题"成为学习的核心，而围绕该主题的结构化内容成了学习的主要对象。主题式学习打破了学科之间、学科内部的割裂状态，实现了学习内容的综合化，使得学生在不同的学习内容之间建立有意义的连接，强化学生对学习内容的理解，有助于学生获得整体、全面的知识，调动了学生的学习兴趣和参与学习的积极性，培养了学生的问题意识和问题解决能力，批判思维能力、创新思维能力、反思思维能力，以及自主探究的能力。

例如，在"政治与法治"模块的教学中，我们可以就中国政府网上开设的"@国务院　我来说"栏目（见图2-4），开展"走进我国政府"的主题式学习。学习内容包括：社会主义民主、法治政府等。

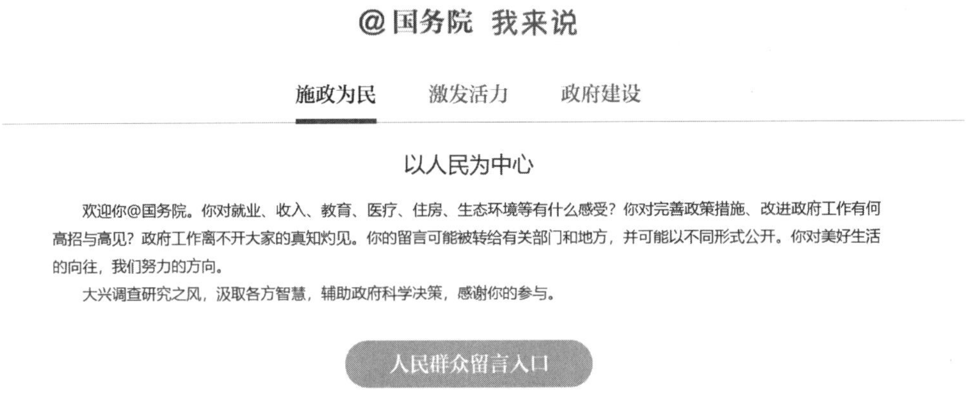

@国务院　我来说

| 施政为民 | 激发活力 | 政府建设 |

以人民为中心

欢迎你@国务院。你对就业、收入、教育、医疗、住房、生态环境等有什么感受？你对完善政策措施、改进政府工作有何高招与高见？政府工作离不开大家的真知灼见。你的留言可能被转给有关部门和地方，并可能以不同形式公开。你对美好生活的向往，我们努力的方向。

大兴调查研究之风，汲取各方智慧，辅助政府科学决策，感谢你的参与。

人民群众留言入口

图2-4　中国政府网上开设的"@国务院　我来说"栏目

3. 基于高阶思维的思辨教学

"没问题，无深度"，布鲁纳认为"教学过程是一种提出问题、解决问题的持续不断的过程"。问题设计既是连接情境与教材的桥梁，又是培养学生的科学精神、开放性意识、批判性思维和创新能力的催化剂和助推器。无论是学习还是教学，有思辨才有深度。通过具有高阶思维导向的问题设计，经历分析、综合、评价、创新、元认知、批判性思维等高阶思维能力的发展，才能促成深度学习。

基于核心素养的教学应该是基于问题的探究性教学，教学的中心是问题的发现、提出和解决。而问题教学的最高境界是引导、鼓励学生提出高质量的问题。当前，大多教师已经具备了一定的问题教学意识，但问题教学的主动性不高、质量较低、效能不好，影响了问题教学的开展，从而让教师在课堂上习惯"一言堂"的讲授法，把互动教学变为单人授课。即使有些教师尝试采用问题教学，但设问的质量不高，水平有待加强。为此，我们的问题预设应该是基于情境、融入情境，从简单的"是或者不是、对或者不对、好或者不好、有没有"浅层思维走向高阶思维，从"划书、背书、记知识概念等"知识的记忆走向问题探究，从单一问题走向综合，从封闭问题走向开放问题，尤其要改变"唯标准答案的倾向"，从"基于答案"走向"通过答案"，培养学生的怀疑精神、批判性思维和创新能力。

4．基于参与体验的活动教学

基于核心素养培养的教学不仅是传授知识、培养技能，更重要的是帮助学生养成良好的学习习惯，启发学生独立思考。素养形成的主要阵地是课堂教学，这种课堂不是单纯的师讲生听的传统讲授型课堂，而是一种彰显学生主体地位的、学生深入参与的新型教学活动。深度学习不该只是记忆与理解，更应是感悟、思维、运用；它是日积月累的、自己体验思考的经验积累、能力汇聚。基于核心素养的教学要求教师要抓住知识的本质，创设合适的教学情境，巧设优质高效的设问，启发学生思考，让学生在掌握所学知识技能的同时，感悟知识的本质，积累思维和实践的经验，确立正确的政治方向，培养关键能力，发展核心素养。

参与体验式活动教学，一是课堂的参与体验。包括课堂情境的参与、沉浸，如角色扮演、情境模拟；包括问题的参与，如师生、生生之间就问题进行研讨交流辩论；包括语言、行动、思维的参与。只有参与才有体验，只有体验才有收获。要把教学活动化，让活动教学化。二是课外的参与体验。如开展政治类课堂的调查研究、社会实践、服务学习、参观访问、公共参与等。要把课程活动化，让活动课程化。

5．基于微课题探究的研究性教学

深度学习要求学生不但要会学习，更要学会学习，掌握学习的方法，初步具备开展科学研究的方法和技能，在现实问题解决中做到实践参与学习。在中学阶段，教师可以开展研究性教学，基于学生特点，结合教学内容，将学科内容转化为探究课题，把探究课题与真实生活情境联系起来，以小组合作或个体独立的形式，开展微课题探究的研究性教学，让学生把学习和研究融为一体，形成对学科内容和生活主题的深度学习，发展学科素养，培养学生开展科学研究的方法和技能，增强学生的探究意识、创新精神和实践能力。例如，开展"远离危险：电动单车的管理建议""学生公共参与度的调查"等。

二、基于真实情境的深度学习—— 以"政治与法治"模块的政治部分为例①

恩格斯曾经说过"社会一旦有技术上的需要，则这种需要就会比十所大学更能把科学推向前方"。真实生活中发生的各种政治现象和事件能激发学生学习的好奇心和求知欲，而学以致用、学有所为的真实情境学习更能满足学生的成就感。一个个社会政治热点，即是"政治与法治"模块深度学习的好契机、好抓手。

（一）真实政治生活情境的内涵和外延

政治现象，属于社会现象的一个领域，是上层建筑的范围，是人们在国内政治生活和国际政治关系等方面的种种活动表现。如个人、社团、党派、政府、国家的政治活动，都属于真实政治情境的领域。而政治生活情境就是政治现象在生活中的具体化、丰富化、现实化。

真实政治生活情境在我国主要表现为公民的政治权利与义务，公民的民主选举、民主决策、民主管理、民主监督等政治参与，公民与国家、党派、政府的互动；政府的职能和职责、决策与行为；人大和人大代表的选举、职能的行使；政协与政协委员的活动；中国共产党的领导、执政、建设；民主党派的参政议政；国家机关及其工作人员、国家领导人的活动；国际关系、国际会议、国际组织、国际形势；等等。一个个政治热点、一次次政治参与、一条条政治新闻，构成了真实的政治生活，是深度学习的好契机，即时抓住这一契机，在真实生活中创造情境学习机会，能达成高效与科学的深度学习。

（二）"政治生活"深度学习的内涵和要求

"政治生活"深度学习，就是指通过各种方式和途径向学生提供丰富的

---

① 部分内容发表于《思想政治课教学》2016 年第 5 期，收入时略有调整。

政治生活学习内容、学习方式、学习实践，做到学有所用、学以致用。深度学习能让学生阅读、理解、解读、分析、评价生活政治现象与事件，能指引其更好地适应政治生活、积极回应政治诉求、有序参与政治、建设政治文明，实现知、信、行的统一，目的是培育其成为一个具有政治认同、科学精神、法治意识、公共参与等学科核心素养的德智体美劳全面发展的社会主义建设者和接班人。例如，学生应能真正看懂新闻联播、读懂报刊社论，分析新闻事件；知道怎样和国家有关部门良性互动；懂得如何行使政治权利、履行政治义务；知道公民的自由是相对的、懂得依法办事；等等。

（三）基于真实政治生活情境的深度学习路径

区别于浅层学习的讲授式教学，深度学习的达成必须基于鲜活真实政治生活，关注生活实践与体验，创新学习方式，让学生在生活中学习。

1. 在学习进度上大胆创新，一切基于生活政治热点

真实政治生活既有时序也无时序可循，全国人大、政协会议，以及中共中央委员会全体会议召开的时间是有时序可循的，其他的政治事件的发生大多是无时序可依的。这就需要在学习进度上大胆创新，敢于打破传统依据教材进度安排的学习计划，并基于生活政治热点进行安排，以最真实、最鲜活的政治生活情境给学生创造深度学习且无边界学习环境。在"政治与法治"模块学习中，我们可以做到：

（1）在"全国人大和政协会议"中知"两会"。每年的全国人民代表大会和全国人民政治协商会议都是学习"政治与法治"模块的"人民代表大会、人民会制度"和"中国共产党领导的多党合作和政治协商制度"的最佳时机。根据有关惯例，我国每年的全国人大召开时间都在3月5日左右，全国政协会议在3月3日左右召开。例如，第十四届全国人大二次会议于2024年3月5日在北京召开，第十四届全国政协二次会议于2024年3月4日在北京召开。

（2）在"中共中央政治局会议"中了解中国共产党。中国共产党中央委员会历次全体会议都是我国重大政治活动，全会通过的有关决议都是政治生活的纲领性文件，也是我们了解中国共产党在我国政治生活中地位、作用的重要素材。中共中央政治局会议一年中召开的次数相对较多，我们也可以抓住时机进行有关中国共产党的知识的学习。

（3）跟着"中纪委"看党建。反腐倡廉、打"老虎"拍"苍蝇"、"双规"、政治规矩、"八项规定"等都是当前政治生活热词。每隔一段时间，中纪委网站都会公布有关反腐倡廉、打"老虎"拍"苍蝇"的消息。我们可以就此进行对"政治与法治"模块的"坚持全面从严治党"的学习。以"为什么要反腐？为了什么而反腐？为什么能反腐？怎样反腐？"等一系列问题进行对中国共产党的地位、性质、宗旨、理论体系、执政方式等方面的思考和学习。

（4）在选举中知权利，在民主参与中懂途径。人大代表的选举，村委会居委会代表的选举，每次听证会、征询意见都是进行"最广泛、最真实、最管用的民主"主题学习的好时机。

（5）随着国际情势观世界。当前，和平与发展是时代的主题，但影响国际和平与发展的各种因素依然长期存在，国际关系纷繁复杂。在国际政治生态中，我们可以通过诸如"巴以冲突、俄乌冲突"等问题解读国际关系，分析国际政治生活，树立国际视野。

生活时刻有热点，学习处处是契机，我们要有一颗炽热好学的心，一双善于发现的眼，在国事、天下事中读书，在读书中参与国事、天下事。

2. 在学习内容上细心巧设，一切基于生活政治需要

当前，由于各种原因，以应试为目的的课堂学习并不能达成培养学生"阅读生活、参与生活"能力的目标。大量"脱离生活、空洞无用的理论说教"必然让学生抗拒学习、拒绝教育，使教育效果事与愿违、适得其反。学生在学习"政治与法治"后，大多数并不了解我国到底有哪些国家机关，政府包括哪些部门，中国共产党、民主党派的组织架构如何，人大、政协如何运行，法院、检察院、公安机关之间分工如何等，更不清楚该通过什么途径找哪些国家部门办事，诸如此类，有知识无能力……这是我们当前过分强调分数的应试教育现状的恶果。如果，我们学习的内容仅仅盯着考试的那几点，而忽视了让学生获得基于生活的、有助学生终身成长和发展的知识能力和素养，我们培养的孩子就只能是目光短浅、死记硬背、墨守成规、毫无作为的考试机器。因此，在学习内容上，我们必须基于教材，更应该高于教材，关注学生关切点、着力学生成长点、挖掘学生参与点，引领学生多学习些"学生热切渴望、现在与未来社会需要、有助学生终身成长的内容"。

例如，在学习公民权利和义务的时候，要让学生清楚知道自己所拥有的

政治权利和义务，更要让他们知道如何行使和维护自己的合法权利，还要让他们树立法律意识，在法律的范围内行使权利、履行义务。在学习政府相关知识的时候，应该让学生知道政府由哪些部门构成，懂得寻求政府帮助和服务的渠道，参与政府民主决策的途径等。在学习"两会"的时候，可以让学生根据"两会"议程，了解"两会"的性质、地位、职能、架构；根据"两会"的名称，了解全国人大和全国人大常委会的关系、全国人大常委会的性质、全国人大代表的产生方法；了解全国政协委员的产生方法。根据"两会"召开时间相近的特质，了解"两会"的关系，知道我国重大决策的出台程序；懂得我国的政体和政党制度。在学习中国共产党相关知识的时候，我们要帮助学生了解中国共产党的组织架构；通过翔实的事理分析、历史对比、国情分析，而非简单粗暴的理论灌输，培养学生的政治认同等学科核心素养。要教会学生用辩证、发展的眼光看待当前一些社会现象。政治认同的达成只有在分析、对比、辩证、发展的思维中才能实现，任何简单粗暴的灌输硬塞只能事与愿违。在学习我国对外政策和国际关系的时候，能深入理解、支持我国应对国际问题的态度和政策，不肤浅、不片面、不极端、不意气用事；能认清错综复杂的国际形势，比较完整地了解国际事件的前因后果，树立国际视野。

一切来源于生活政治、基于政治生活需要、关注学生实践能力、着眼学生终身发展、回应学生学习欲望和兴趣的内容，都应该是深度学习的内容。

3. 在教学方法上创新实践，一切基于以学生为主体的合作探究实践

区别于当前常用的"以教师为主、以知识为中心、以应试为目的"的讲授式教学法，受学生喜欢的深度学习亟须大胆创新"以学生为主体、以生活为起点、以素养为中心、以立德树人为根本任务"的教学方法。

（1）在学习方式上，进行合作探究体验式学习。做到"以学习者为中心，强调互动和行动，探究与解决源于真实世界的问题"。基于情境的学习、基于项目的学习、基于议题的学习、基于问题的学习、基于研究的学习都属于深度学习。

（2）在教学方式上，采用"以学为主"教学法。教师从"知识的搬运工"转变为学生学习的"启发者、引领者、帮助者、合作者"。现象教学法、项目教学法、议题教学法、抛锚式教学法、支架教学法都是深度学习的常用教学方法。

（3）在学习形式上，倡导混合式学习。混合式学习是指"在线学习、课堂教学、课外实践相结合"的生态立体学习方式，学习者在学习时间、空间、途径方面有更多的体验。混合学习模式更加支持个性化的学习，有利于培养更加积极、自主的学生。

（4）在学习生态上，创造实景学习微环境。实景学习是基于真实生活的学习，学生面对的是真实世界的情境和难题，强调的是元认知、反思与自我意识。教师可以通过建立学校、社区、当地国家机关或组织之间真实生活微环境，跨越书本知识与实践应用之间的鸿沟，帮助学生建构起对真实世界的认知。

4. 在"生活政治参与"中悟"政治生活"

王夫之曾说"知者非真知也，力行而后知之真"，深度学习既是基于真实生活学习，又是基于生活参与、回归生活实践。在"做中学、做中悟、学中做"，做到"学以致用、用之所学"。教师可通过以下两种途径让"学习融入生活，生活推动学习"。

（1）在调查研究中思考。唯有走进政治生活，才能走近生活政治。通过带着主题有任务地进行涉及公民政治生活、公共参与、政府决策、民主管理的社会调查研究，真实触摸、感知我国的政治制度、政治机构、政治生活的社会调查与研究，学生才能获得对政治常识的最切身的感悟、最真实的体验、最深刻的思考。

调查研究主要包括访谈录、实地观察法、主题调研法等。学生采访国家机关的工作人员、人大代表、政协委员等，撰写访谈录；实地走访国家有关部门、居委会、村委会，撰写感悟总结，对有关部门的工作提出改进建议；进行有关诸如基层自治组织选举、公民法治意识、公民权利义务意识等主题的社会调查，撰写调查报告，提出合理建议。例如，某中学的学生针对大型公共聚会存在踩踏事故等安全隐患问题，撰写有关调查报告，提交给政府有关部门，积极以自己的实际行动参与调查研究，为政府出谋划策。诸如此类的社会调查研究让学生深入了解社会，培养了学生的主人翁意识，锻炼了学生的参与政治生活的能力。

（2）在真实参与中力行。"纸上得来终觉浅，绝知此事要躬行。"从书本上得来的知识，毕竟是不够完善的。要深入理解其中的道理，必须要亲自实践才行。当前，我国公民享有的政治权利不但广泛而且真实，国家有关部门为公民的政治参与提供了网络、电话、信函等便捷的渠道。

学生可以通过网络参与民主决策、民主监督，办理各种证件、咨询各种服务、查询各种文件等。例如，国务院开设有意见征询专栏，一些国家重大的行政决策都会在这里征询意见；中纪委网站开通了公民举报渠道，公民可以通过网络、手机等举报贪污受贿情况和违反"八项规定""四风"问题。

学生可以通过电话、信函等方式参与政治，如学生可以就学校的补课、作业过重、乱收费和交通拥挤、市政设施问题（如路灯、沙井盖、电线、路陷）、治安问题、环境污染、贪污腐败等问题向有关部门进行电话或者书信反馈、举报，提出建议和意见。

学生的政治参与更需要身体力行，如参加有关部门的意见征求、申请参加听证会、旁听法院审理、到居委会或村委会实习、到政府有关部门办理身份证等。

例如，新修订的《中华人民共和国未成年人保护法》自 2021 年 6 月 1 日起施行，其中有一条立法修改意见，由华东政法大学附属中学的同学们提出，并被全国人大常委会法工委立法采纳。2020 年 7 月，《中华人民共和国未成年人保护法（修订草案）》向社会征求意见。华东政法大学附中的同学们知悉后，立即投入到修法调研活动中，并提出 17 条修改建议，通过街道基层立法联系点转呈全国人大常委会法工委。递交的 17 条修改建议中第 11 条写道："关于第 116 条提出的'公安机关发现未成年人的监护人对未成年人实施家庭暴力等行为的，应当予以训诫、责令其缴纳保证金并接受家庭教育指导。对于拒不接受家庭教育指导的，可以没收保证金'的内容，鉴于每个未成年人家庭经济条件不一样，建议修改为对发生此类情况的监护人予以教育为主。"在最新发布的未保法中，删除了"缴纳和没收保证金"的内容。中学生对修订草案提出修改意见，参与立法修订，深度体验感悟社会主义民主法治。

（四）正确认识基于"真实政治生活"深度学习的五对关系

1. 真实政治生活与知、信、行的关系

思想政治理论观点的教育、价值原则的认同和践行，在很大程度上不是知与不知的问题，而是信与不信、行与不行的问题。真实的政治生活是包罗万象、生动、具体的，人们既可以感知到我国政治文明发展所取得的巨大成就，又可以感觉到我们仍需要不断建设和努力的地方。进行政治理论观点的教育不能也不应回避现实生活而空谈观点，不能只解决"知"的问题而一味灌输，而更应着眼"信、行"。只有立足于真实政治生活，通过"辨析式"学习路径，在范例分析中展示观点，在价值冲突中识别观点，在价值判断中选择观点，在比较鉴别中确认观点，在探究活动中引申观点，才能引领学生相信、信服、确信、坚信、践行政治教育的理论观点。正是基于真实政治生活，通过自主辨析、深度学习，学生才能实现知、信、行的统一。

2. 实践逻辑与知识逻辑的关系

基于"生活政治热点"的学习进度安排能提供最鲜活、最真实的学习素材和学习情境，但由于生活现象瞬间万变，生活政治热点和知识逻辑之间往往存在不一致的地方，为此，我们还必须在实践逻辑学习的基础上按知识逻辑进行系统建构，形成深度学习网络体系。

3. 深度学习与过度学习的关系

过度学习指的是学习的内容和难度已经超过学习者当时的学习能力。例如，高中阶段学习大学课程，16 岁的学生学习 20 岁时期的学习内容，本来只需掌握简单的计算能力却被要求学微积分等。深度学习的主要立足点是"学生需要、学生意愿、生活需要、实践需要"，以培养素养、掌握学习为目标，而不是以掌握深奥知识为目标，一切脱离学生需要、学生意愿、生活需要、实践需要的学习才是过度学习。

4. 深度学习与考试评价的关系

大量实验证明，深度学习由于重视学生能力和素养的培养，更有利于学生考试评价成绩的提高。而当前的浅层学习反而和日渐注重能力考核的高考评价日行渐远。从长期看，深度学习对孩子无论是创造力还是学习力、思考力、行动力的培养效果，都远远高于浅层学习，更利于学生的成长和成才，更能适应当前和未来社会对人才的需要。

5. 深度学习与学习时间的关系

深度学习并非要求学生非常系统深入地研究有关知识，而是让学生会知、知会、知用、会用。因为它改变的是应试教育，浅层学习和无效的、重复的机械学习，是在同样的时间内发挥学生的主观能动性，让学生更主动、更高效、更有趣、更真实、更鲜活地学习，所以在时间上并不存在必然冲突。

　　基于真实政治生活情境的深度学习，是培育创新人才的高效学习方式，是提高教育教学质量的重要途径，是革新教学技术的时代要求，更是未来教育的发展趋势。唯有在实践中不断探索、完善、发展，方能焕发教育的新生命，发出时代教育最强音。

第三章

创设学科核心素养培育新途径

新时代要有新作为。思想政治学科核心素养包括政治认同、科学精神、法治意识、公共参与四个方面。各学科核心素养内涵和外延各不相同，必然要求有各自适切的培育途径。本章事理结合，共分四节内容分别探讨各学科素养培育的途径：政治认同素养培育的途径，科学精神素养培育的途径，法治意识素养培育的途径，公共参与素养培育的途径。

第一节　政治认同素养培育的途径①

高中阶段是一个人政治信念和政治素养形成的关键时期，政治认同关系学生政治素养的高低、关乎学生成长方向和理想信念的确立、关系国家政治文明的健康发展，是一个人创造幸福生活的精神支柱、价值追求和道德准则，是思想政治课首要且基本的学科核心素养。

培养学生政治认同素养，培养有信仰的公民，要正确把握政治认同素养的内涵和要求。

---

① 部分内容发表于《中国德育》2017 年第 7 期，收入时略有调整。

一、正确理解政治认同的内涵和要求

政治认同的内涵：我国公民的政治认同就是拥护中国共产党的领导，坚持和发展中国特色社会主义，认同中华人民共和国、中华民族、中华文化，弘扬和践行社会主义核心价值观[①]。即三个政治身份认同、三个政治行动认同。三个政治身份认同就是"国家认同、民族认同、文化认同，即认同中华人民共和国、中华民族、中华文化"；三个政治行动认同就是"拥护中国共产党的领导，坚持和发展中国特色社会主义，弘扬和践行社会主义核心价值观"。

具有政治认同素养的学生，应能够：认同走中国特色社会主义道路是历史的必然，坚信中国特色社会主义是国家富强、民族振兴、人民幸福的根本保障，坚定中国特色社会主义道路自信、理论自信、制度自信、文化自信；拥护党的领导，领会中国特色社会主义最本质的特征是中国共产党领导，中国特色社会主义制度的最大优势是中国共产党领导，党是最高政治领导力量；明确社会主义核心价值观是公民最基本的价值标准，自觉践行社会主义核心价值观，树立共产主义远大理想和中国特色社会主义共同理想[②]。

二、教师是政治认同的信奉者、示范者、引领者

（一）成为思想政治课教师的前提是成为政治认同的信奉者

习近平总书记在 2016 年 12 月召开的全国高校思想政治工作会议上强调，教师是人类灵魂的工程师，承担着神圣使命。传道者自己首先要明道、信道。高校教师要坚持教育者先受教育，努力成为先进思想文化的传播者、党执政的坚定支持者，更好担起学生健康成长指导者和引路人的责任。一名对国家现行政治不认同、有疑义、常否定的教师是不能培育出具有政治认同的学生的；一名经常在课堂上抱怨、散发负能量的教师绝不可能培育出正能

---

①②　教育部. 普通高中思想政治课程标准（2017 年版 2020 年修订）［S］. 北京：人民教育出版社，2020：4，6.

量的学生。也许有教师认为,对社会一些不良现象的批判、抱怨是爱国的表现。其实,这种观点是错误的,对于缺乏独立判断力的未成年学生来说,会错误地认为教师的批判、抱怨就是社会的全部、社会的真实,从而影响了其对社会政治的全面、客观、理性的认识。真正的爱国,不是要求无视社会某些不良现象,而是用建设性的态度正确辨析,用发展的观点去科学解决。

(二)思想政治课教师应该是政治认同的示范者

思想政治课教师时刻以身作则,处处率先垂范,才能成为政治认同的布道者。如果一名教师在课堂高谈阔论说爱国,却在现实生活中时常做出有损国家利益的行为,他怎能以身作则、言传身教呢?

(三)思想政治课教师必须是政治认同的引领者

当前高中生在政治认同方面存在着或多或少的现实困惑,既有政治价值观的迷茫,又有政治认知的迷惑。为此,教师应对学生政治认同空白部分加以引领,帮助其达成政治认同;对于学生犹豫部分给予引导,帮助其坚定政治认同;对于学生错误的部分做出矫正,引领其认同先进性要求,实现广泛性目标。

三、遵循政治认同教育规律,不断创新政治认同培养方法

习近平总书记指出,要用好课堂教学这个主渠道,思想政治理论课要坚持在改进中加强,提升思想政治教育亲和力和针对性,满足学生成长发展需求和期待。

无论通过调查问卷还是实地观摩课堂,都发现当前部分思想政治课沉闷、灌输说教情况较为普遍;部分教师不能将理论联系实际,讲课缺乏生动性和针对性,无法调动学生的积极性;传统的教学模式忽视学生的主体性、独立性和学习的参与性、实践性,学生在课堂上鲜有机会与教师进行互动交流,学生的疑惑越积越多,学生对思想政治课兴趣不高,导致学生政治认同感不高。

认同作为一种心理情感,包括认可、赞同。根据心理发展规律,人们对一事物的真正认同需要经历知(了解、理解、掌握)、信(相信、信任、信

仰）、行（拥护、维护、发展）等环节。相应地，政治认同教育也包括政治认知、政治认同、政治践行三个层次。政治认同教育要从其形成和发展的各个阶段入手，关注学生个体价值、客观需要，尊重其个体特性，凸显主体；基于真实生活，进行生动、全面、客观、科学的认知教育，形成真知；基于理论探究，完成理性、辩证的辨析思考，达成确信；基于知行合一，进行价值引领、行为修正，做到笃行。

（一）基于学生特性，关注个体价值

学生是学校政治认同教育的主体和对象，政治认同教育必须凸显学生的主体性，关注个体价值、客观需要。在政治认同的达成过程中，要理解学生认同水平的差异性，遵循学生个体的层次性，着重目标达成的发展性。

1. 关注学生客观需要

政治认同教育必须关注学生个体价值，从学生客观需要出发，关注学生所处的社会政治环境、政治关系，倾听学生政治发展渴望、政治现实诉求、政治问题困惑，彰显学生个体价值。从学生发展的客观需要出发，用鲜活的事例、真实的案例、让人信服的分析，使学生意识到政治认同与自身成长、社会发展、民族未来、国家振兴密切相关，让学生产生政治认同的渴望感、迫切感、使命感、价值感，进而实现被动认同向主动认同转变。

2. 尊重学生个体特性

政治认同教育必须从认同主体的特性出发，依据学生的心理特征和认知能力，遵循认知、认同规律，认同目标要体现先进性与广泛性的统一。政治认同目标应该是分层次、分阶段的。既要有先进性要求，体现未来发展的指引性；又要有切合学生年龄、认知实际、当前社会政治现实的广泛性要求。先进性的要求不是要求人人做到，而是要求人人争取做到，为学生发展指明方向。认同目标应设置若干种不同层次，指明必须达到的层次，鼓励学生向高层次发展。学生找准自己的层次，找到最近的发展目标，循序渐进地提高，在目标实现的过程中，逐渐向更高层次发展。政治认同目标还需可达成性，以便大部分学生通过一定的努力能实现、可达成，让学生在政治认同教育中有获得感和存在感。

3. 理解学生个体差异

政治认同教育必须理解学生个体差异，在认同目标实现的过程中，认同目标的达成不可能千篇一律，必然存在认同程度的差异性、层次性、发展性。我们必须理解差异性、尊重层次性、着重发展性。政治认同的实现是一个逐渐实现的过程，在不同水平上允许有不同的层次。对于差异性，需要的是引导而非强求，更非批评打击。

随着政治文明的不断发展、学生认知水平和能力的提升，学生的认同资源、认同程度、认同方式、认同层次、认同观点必然不断发展。因此，政治认同不是一劳永逸的，政治认同永远在路上。

（二）基于现实生活，形成政治认知

政治认知是形成政治认同的基础，政治认知是指对政治认同所涉及的政治道路、政治理论、政治制度等知识层面的理解和掌握。中学思想政治教育的政治认知教育，就是把我国先进的政治道路、政治制度、政治理论、政治架构和政治运作方式等，结合现实的政治生活对学生进行生动、全面、科学、正面、透彻的教育，让学生真正理解其合理性、合法性、科学性，避免学生因不知道、不了解、不深入、不客观而影响政治认同。

1. 政治认知教育要基于生活

政治认知教育要基于生活、贴近生活，基于学生可以感知的生活或者基于学生有所感知但尚未感悟的生活；认知教育要基于事实、贴近社会，要事理结合，有图有真相、有理有实例；认知教育要基于客观，既要看到我们政治制度、政治理论、政治道路等的科学性、优越性，也要指出我们现实政治生活还有需要不断发展和建设的地方。只有基于生活，以翔实的事例、数据说话，才能形成真知。事实胜于雄辩，事例和数据是有血有肉的，它胜于一切空洞无物的说教。

中华人民共和国成立以来，我国社会主义建设所取得的伟大成绩，人民生活水平的日益提高，国际地位的逐渐提升，为我们政治认知教育提供了可视、可感、可思、可悟的真实素材，我们需要带领学生到生活中感悟、到生活中学习。

如我们要让学生认同社会主义制度的优越性，只讲道理是不够的，我们可以让学生进行"从一个人、一个家庭、一个社区、一个城市的发展感受社会主义制度的优越"的研究性学习，指引学生在进行研究性学习的过程中，通过实地调查、文献分析、问卷调查等方式，实现政治认同。为了真实感受到我国改革开放特别是党的十八大以来所取得的辉煌成就，增强道路自信、理论自信、制度自信、文化自信，可以引领学生一起观看电视纪录片《辉煌中国》和电影纪录片《厉害了，我的国》。《辉煌中国》以创新、协调、绿色、开放、共享的新发展理念为脉络，全面反映党的十八大以来，在以习近平同志为核心的党中央带领下，全国各族人民砥砺奋进、真抓实干，中国经济社会发展取得了历史性成就；充分展示了中国人民获得感、安全感、幸福感、自豪感，真实记录了中华民族迎来了从站起来、富起来到强起来的历史性飞跃。《厉害了，我的国》将党的十八大以来中国的发展和成就，以及党的十九大报告中习近平总书记提出的中国特色社会主义进入新时代这一重大论述，以纪录片的形式首次呈现在大银幕上。

2. 政治认知教育要形式生动

再好的理论，如果高高在上、不接地气，忽视学生的接受度和理解力，进行简单粗暴的灌输教育，都会收效甚微。习近平总书记的讲话和表述方式非常值得我们学习和借鉴。习近平总书记善于用讲故事、举事例、摆事实的方式凝聚共识，以朴实的语言讲述生动的故事，朴实而有温度，凝练而有深度。我们必须用时代语言阐述经典理论、用通俗语言诠释深奥观点，做到大道理小处讲、深理论浅处讲、好思想渗透讲。既上有情怀又下接地气，要真正做到深入浅出。唯有如此，深奥的理论才能彰显魅力，才能潜移默化、润物无声，从而实现深远持久之功效。

在政治认同教育中，各种人民群众喜闻乐见的形式（如公益广告、游戏、综艺节目、故事等）都可以为我们所用。我们在进行价值观教育的时候，简单的背诵、识记并非目的，我们应该让学生入脑入心，在生活中践行，把核心价值观还原于具体的生活事例中，通过生动经典的故事、具体可学的事例进行阐述，使其烙在心里，见于行动。

（三）基于理论探究，达成政治认同

卢梭认为"一切法律之中，最重要的法律既不是刻在大理石上，也不是刻在铜表上，而是铭刻在公民的内心里"。同样，政治认同不仅仅是认知问题，更是信服、信任、信仰层面的问题。

政治认同的"信"主要包含四层含义。一是信度，指政治认同内容的威信或可信性；二是信服，指人们对政治道路、政治制度、政治理论等相信和佩服，自愿地接受该观点，使自己的态度与政治认同的要求相一致；三是信仰，指人们对政治认同内容的信奉和遵循；四是信念，指人们对政治道路、政治制度、政治理论等的信服和尊敬，并以之为行动的准则，进而在实践中不断维护、发展。

知是信的前提，但信非知的必然结果。学生个体意识的觉醒、独立思维能力的提高、某些现实生活的困惑，让学生不再迷信书本、知识、教师、权威，对政治问题的判断和选择有了自己的理解。要真正实现政治认同，必须在政治认知的基础上，基于对政治认知理论的探究、质疑、对比、反思，进行理性、辩证的辨析思考，形成确信。

1. 坚持正面宣传与反面剖析相结合

由于生活阅历浅、知识储备不足、社会经验缺乏、看问题易片面和偏激，学生的思想具有不成熟性和单向性，他们的认识局限于感性认识。而某些社会不良现象的存在，导致学生对某些政治认知具有疑惑，对某些政治观点怀有异议，存在知而不信的情况。

政治认知要正视疑惑、直面非议、澄清理论和认识困惑，不回避社会的阴暗面。当学生提出一些不同观点时，教师要走进学生的内心世界，既要合情合理地说明理论本身的正确性和现实问题的复杂性，又要因势利导、事理结合，教会学生辩证、全面、发展地认识问题、分析问题。从历史的角度、以辩证的观点对各国的经验与教训的实例进行分析，让学生对社会的负面影响有一个正确的认识，引导学生积极地思考解决的途径，使他们的思想认识逐渐成熟起来。

例如，社会主义民主从本质上说是人类历史上最高类型的民主，但由于历史、现实等原因，我们的民主发展还有一些需要不断完善的地方。同时，我们更要看到社会主义民主在飞速发展，以一个比较、动态、发展的观点来看待社会主义民主，我们就能认同社会主义民主。而西方国家在民主实现方式、途径上有不少值得借鉴的地方，我们在进行政治文明建设时，可以大胆借鉴和辩证学习。

2. 坚持"辨析式"学习路径

要让学生信服，不能只给观点，不加分析；只给结果，不做对比；只许接受，不准辨析。没有经历思维的辨析、情感的认可、价值的判断与选择的政治认同，都只是虚假、盲目、被动、短暂的认同。学生只有经历"辨析式"的学习路径，才能实现真实、理性、自觉、长远的认同。

"辨析式"的学习路径，是学生自主经历由建设性批判思维主导的辨析过程所进行的学习。这种学习路径主要包括四个要素：一是自主，强调学生的主动性、主体性，而非教师主体、代入、包办的被动认同；二是经历辨析过程，这种辨析非简单的批判，而是"建设性"的批判思维，是既剖析问题又着重建设的批判；三是在学习过程中，学生在范例分析中展示观点，在价值冲突中识别观点，在比较鉴别中确认观点，在探究活动中引申观点，在行动实践中运用观点；四是教师的引导作用，学生自主建设性的辨析，需要教师科学的引导，从而让学生相信政治认同内容。

从"辨析式"学习路径的方式上看，一是要释疑解惑，正视疑惑，直面非议，澄清理论和认识困惑；二是要在比较鉴别中确认观点，只有比较鉴别才能让学生确信。从纵向而言，在历史的进程中，人们认为现行道路、制度、理论比过去好，就会认同现在的；从横向而言，在世界范围内，就有国家之间政治道路、政治制度、政治理论的比较问题，对自己国家的政治认同，就是认为本国的政治制度、政治道路、政治理论最适合本国国情、最能促进本国发展。

例如，在指导思想上，我国以马克思列宁主义、毛泽东思想、邓小平理论、"三个代表"重要思想、科学发展观、习近平新时代中国特色社会主义思想为指导。而当今世界大部分国家不以马克思列宁主义为指导，为什么这些国家有的也能够发展得好？如何在国际比较中树立我们的理论自信？在政党制度上，我国坚持共产党领导的多党合作和政治协商制度，不同于西方的多党制、两党制。当前，世界上大多数国家实行多党制或两党制，如何在国际比较中看待中国政党制度的合理性和优越性？如何在国际比较中树立我们的制度自信？在发展道路上，我国走中国特色社会主义道路，世界大多国家走资本主义道路，有些国家发展得好，有些国家问题严重，如何在国际比较中树立我们的道路自信？等等。

在对比分析中，我们既要对其他国家政治道路、政治制度、政治理论等做实事求是、客观辩证的分析，又要对我国的政治制度与实践做历史辩证的分析，得出我国的政治道路、政治制度、政治理论最适合我国国情的结论。当然，我们也必须清楚看到我国在政治实践中还有需要不断发展和完善的地方，我们要虚心借鉴包括西方发达国家在内的一切优秀文明成果，进而建设

好我们的国家。

（四）基于知行合一，做到政治践行

政治参与实践是培育政治认同最为直接和有效的方式。政治认同作为一种认可、赞许、信仰、追随心理机制，其产生基于政治认知、情感信仰、有效参与。当前只重视学生政治认知教育，而严重地忽视了学生政治参与能力的培养、政治参与诉求的实现，削弱了学生的政治认同。在信息繁杂化、价值多元化的时代下，政治参与能培养学生信息辨别和处理能力、批判思维辨析能力、价值判断和选择能力、政治选择和决策能力等政治行动能力；让学生的政治认知及时得以检验、认同观点及时实现强化、价值偏颇及时得以矫正。

为此，我们要健全学生政治参与机制，把政治参与实践的过程、态度、效能作为选拔、评价学生的重要依据，最大限度激发学生的政治参与热情，鼓励学生积极参加政治实践活动。拓展学生政治参与渠道，通过网络（网站、微信、微博）参与和现实参与（电话、书信、实地）等渠道让学生参与民主决策、民主监督、民主选举、民主管理等。校内参与校外参与并举，如校内的学生职务竞选、学生校长面对面、校内民主管理，校外参与社区管理、政府民主决策、民主监督等，使学生真正感受到其作为政治参与个体对于决策的影响力，激发学生的主体意识和责任感，提高学生的政治参与热情和政治认同。

要创新学生政治参与方式，如"社会政治热点讨论与辩论""学校学生自我管理""服务学习""志愿者服务""人大议案模拟""政协提案模拟"等，鼓励学生在实践环境中深化对政治的认知，锻炼学生政治参与能力，形成政治认同。

总之，政治认同既是一种政治信念，又是一种文化观念，是学生对生活价值的体验、思考、判断和评价，绝非单个的政治信条、策略的强制性灌输与背诵。政治认同教育要"联系学生的生活实际，提高学生明辨是非的能力；联系学生的心理实际，提高学生的思维水平；联系学生的思想实际，提高学生独立思考的能力；联系学生的能力实际，提高学生的践行能力"。

第二节　科学精神素养培育的途径

爱因斯坦说:"教育应该把发展独立思考能力和独立判断能力放在首位,而不应把获得专业知识放在首位。"思想政治课堂教学既要充满人文情怀,培育政治认同等家国情怀,又要洋溢理性之光,培养科学精神。当前,科学精神被列为中学思想政治学科四大核心素养之一,正确理解科学精神的内涵,深入探讨科学精神培养教学策略,是培养有思想、有灵魂的中国公民的要求。

一、正确把握科学精神素养内涵目标

(一) 正确把握科学精神的内涵

我国公民的科学精神就是在认识和改造世界的过程中表现出来的一种精神取向,即坚持马克思主义的科学世界观和方法论,能够对个人成长、社会进步、国家发展和人类文明做出正确的价值判断和行为选择。

科学精神的内涵包含三层意思:一是从世界观和方法论上看,科学精神要坚持马克思主义的科学世界观和方法论,即坚持辩证唯物主义和历史唯物主义的世界观;坚持实事求是、一切从实际出发,坚持实践的观点,坚持用联系、发展、矛盾的观点看问题和办事情的方法论。二是从客体上看,既包括对自我个人成长的价值判断和行为选择,又包括对社会进步、国家发展和人类文明价值判断和行为选择。三是从结果上看,是正确的价值判断和行为选择。所谓正确,就是符合事物发展规律,符合人类社会发展规律。如果做出的选择违反事物发展规律、违反社会发展规律,那么这种价值判断和行为选择就是错误的。

(二) 科学精神素养的目标

正如学生发展政治认同素养旨在成为有信仰的中国公民,增强法治意识素养旨在成为有尊严的中国公民，培养公共参与素养旨在成为有担当的中国公民；培育科学精神素养旨在让其能做出正确的价值判断和行为选择，成为有思想的中国公民。

科学精神素养培养包括科学态度、科学方法、科学实践三个维度。科学态度就是要做到不盲从、不冲动、不偏执。科学方法就是要真正掌握马克思主义基本观点和方法，能够客观、全面、联系、发展、辩证地观察事物、分析问题、解决矛盾；能够在把握规律的基础上正确发挥主观能动性，解放思想、实事求是，创新发展。科学实践就是在社会主义经济、政治、文化、社会和生态文明建设实践中，做出科学解释，进行正确判断、合理选择；在个人的成长与发展中，展现人生智慧，实现人生价值，过有意义的生活；以锐意进取的态度和负责任的行动促进社会和谐。

二、大胆创新科学精神素养教学策略①

在教学策略上，教师可以采取辩论式教学法培养辩证思维；议题中心教学法培养换位思维；"精神助产术"教学法培养批判思维；设身处地体验法培养代入思维；道德两难故事法培养最佳思维；实践教学法培养反思思维。

（一）辩论式教学法培养辩证思维

辩论式教学以学生为主体，以批判思维、逆向思维、发散思维为特征，由小组或全班成员围绕特定的论题辩驳问难，各抒己见，互相学习，是学生在辩论中主动获取知识、培育科学精神素养、实现政治认同的一种教学方式。运用辩论式教学能够培养学生的逻辑分析能力、思维辨析能力、语言表达能力，训练思维的敏捷性、深刻性、批判性和创造性，使学生在语言交锋、观点对立、思想交流、价值冲突中明辨是非与澄清价值，形成正确的世界观、人生观和价值观。

辩论式教学辩题的选择要具备可辩性、趣味性、效益性。可辩性就是辩题不能有明显的偏向性，有可辩之辩；趣味性是辩题能激发学生学习的兴趣，能贴近生活、贴近现实，学生想辩能辩；效益性就是辩题要有清晰细致

---

① 部分内容发表于《思想政治课研究》2017 年第 6 期，收入时略有调整。

的教育目标，让辩论为有用之辩、有效之辩。辩题解剖是培育学生科学精神的重要环节，教师要指引学生深刻理解辩题的内涵，寻找支撑己方观点与反驳对方观点的论据、素材，建构立论的依据、驳论的逻辑。在辩论过程中，要善于利用逻辑学中的同一律、矛盾律、排中律、充足理由律四条基本逻辑规律来抓住对方概念、知识、逻辑、论据的漏洞和错误。

在教学实践中，宜采取灵活多变的辩论形式，如课前六分钟小辩论、课堂随时小辩论、校园随意微辩论、校园广场大家辩、校园辩论擂台赛等形式。

（二）议题中心教学法培养换位思维

议题中心教学法是当前美国中学社会科常用的教学法，它是以争论性议题为教学中心，教师综合相关学科知识，采取多种教学方法，将争议性议题的正反差异观点呈现给学生的一种教学法。

议题中心教学引入社会真实议题，将学生以公民身份置身于真实社会情境中。议题是教学组织的中心，教师利用议题持续激发学生探究兴趣，引领学生直面各种矛盾和争议，为合理解决问题而持续、深入、理性地思考及分析，努力寻求多种解决办法。议题教学法鼓励学生勇于探究、质疑，通过理智判断、小组协商、互换立场、结构反思等环节，要求每个学生对正反方立场的前设、过程、后果均进行科学论证、理性思考、辩证分析、批判质疑、系统反思，这样有利于培养学生基于复杂情境的综合思维、换位思维素养，进而使学生成为有思想、有灵魂的公民。

议题中心教学实施步骤主要包括"三阶九步"。

1. 引导阶段

（1）教师提供一个与教学相关的议题，说明相关的主要概念与课程内容，阐明分组讨论的活动步骤和要求。

（2）将全班学生以4~6人为单位分为若干组，每组一半同学对议题持赞同观点，另一半持反对观点。

（3）教师提供议题相关的阅读材料，供各组学生查阅。

（4）学生自行搜集资料、论据论证部分观点。

2. 讨论阶段

（1）各组先由赞成方陈述论点，反对方聆听及诘问；再由反对方陈述论

点，赞成方聆听及诘问。

（2）双方互换立场，依引导阶段的第（2）（3）（4）步骤再进行一次。

（3）小组成员摒弃原先若干立场，努力达成共识，或者产生第三种观点。

3．展示阶段

（1）各小组成员把本组主要论点罗列于小组海报，在全班发表，接受质询和进行答辩。

（2）教师讲评，挑战学生观点，激发再思考，补充或澄清相关论点论据。

（三）"精神助产术"教学法培养批判思维

"精神助产术"是苏格拉底常采用的方法，这种方法常采用讨论的方式，通过问答、交谈或争论法来表明自己的观点，通过诘问的方法激发学生积极主动思考，使其主动地去分析、思考问题，进而从辩论中弄清问题、寻找答案、启发思想。

"精神助产术"主要分成两个步骤。第一步是诘问。在与别人谈话时，装作什么也不懂，向别人请教，让其发表意见。引导人们发现自己认识中的矛盾，意识到自己思想的混乱，怀疑自己以前的知识，迫使自己积极思考，寻求问题的答案。第二步是"产婆术"。这一步的作用在于让对方发现自己认识的混乱并否定原有认识，从而引导他走上正确的道路，逐步得到真理性的认识，形成概念。就整个过程而言，它是一种"提问—回答—反诘—修正—再提问"循环反复的过程。

（四）设身处地体验法培养代入思维

俗话说"事不关己，高高挂起"。思想政治课教学基于案例、基于情感的教学如果没有代入感，不能调动学生积极参与和体验，那么学生就只能权当知识的旁观者、故事的聆听者、学习的被动者、情感的冷漠者，就不会真正触动心灵、激发智慧。培养科学精神，可以采取设身处地体验法，请学生真实模拟情境主角，把自己沉浸于真实情境中思考、行动。

例如，2017年2月18日，武昌火车站附近发生一起因一元面钱纠纷导致的恶性持刀杀人案。22岁的胡某因口角纠纷，将面馆业主姚某头颅砍下。

这是典型的非理性的冲动性杀人。培养学生理性情感是科学精神的重要部分，在教学实践中，交代具体真实情境后可以设置以下问题：①为了一元钱的口角而杀人是否值得？为什么？②杀人真的是因为一元钱的纠纷吗？如果不是，那么最主要的原因是什么？③如果你受到了某种误解、羞恶、不公正待遇甚至某种凌辱，你会"一发冲冠"还是怎么办？④请你和大家谈谈你对这件事情的感悟，分享一下你处理此类事件时的感受吧！

（五）道德两难故事法培养最佳思维

道德两难故事法通过提供真实生活中道德两难困境情境，让学生进行关于道德的正反论述，思考解决道德冲突的相关推理，从而做出选择与决定的一种教学方法。道德两难故事法强调思考与判断，可培养学生的理性思考、沟通讨论和独立判断的能力。

道德两难故事法的教学步骤分为三步。第一，给学生提供一个两难的道德冲突情境。例如，驾车撞倒了人，在没有被他人看见的情况下，你会怎么办？老太太跌倒，多数人围观的情况下，你扶不扶？好朋友考试要你帮忙作弊，你帮不帮？亲戚有贪污受贿嫌疑，你举不举报？等等。第二，教师提供有关这项道德冲突的意见、争论点供参考，让学生自由选择，激发思辨动机，协助学生进行道德推理，寻求解决道德冲突的方法，鼓励学生交互辩论或质问。第三，在经过一连串的讨论、质问后，教师协助学生归纳道德两难之正反意见，并做出道德判断与选择。

（六）实践教学法培养反思思维

俗话说"吃一堑，长一智"，再完美的思维、方案、计划都不可能考虑到不断变化的实际。科学精神不仅包括辩证思维、批判思维、代入思维、换位思维、最佳思维，而且需要实践基础上的系统扎实深入的反思思维。这种反思既包括对成功经验的总结，又包括对失败教训的反思以及精益求精的工匠精神。只有基于实践的不断反思才能丰腴自己的理性，只有基于反思的不断实践才能使结果日臻完善。因此，不惧怕失败、敢于实践、勇于犯错、善于反思，也是培育理性精神的一种方法。

三、深入探讨"科学精神"核心素养培养路径①

子曰:"吾十有五而志于学,三十而立,四十而不惑,五十而知天命,六十而耳顺,七十而从心所欲,不逾矩。"这充分说明人的"不惑、知天命、耳顺、不逾矩"等科学精神素养不是天生的,而是在后天的引领中提升、学习中积聚、过程中内化、活动中形成,其内化生成不是一蹴而就、自发自觉的。学生科学精神素养的培育需要经历感悟科学之美、培育科学之智、掌握科学之器、培养科学思维、践行科学素养的进阶历程。

(一)感悟科学之美,在浸润中让科学精神萌芽

培养科学精神要遵循认知发展规律,从感性入手,让学生真实、真切感知科学之美,真心、真诚感悟理性之贵,彻底抛弃"任性就是个性、冲动乃是血性"的错误观点,进而树立"理智真成熟、科学乃英雄"的正确认识。

从网络朋友圈感悟科学之美。网络朋友圈、公众号经常推送一些励志美文、哲理小文,小故事大道理,大哲理小事启,润心走心入心。

在生活小事中反思科学之美。在日常生活中,不理性的事情经常发生,冲动性消费、情绪性破坏、偏执性观点、短视性行为等时有耳闻。这些行为不只是他人的故事,也可能是我们生活中常见的事故。教师可以让学生列出自己最后悔的 10 件事情,深入探讨后悔原因,避免类似事情再发生。具体例子如下。

在你的学习、生活中,你有没有做过一些后悔的事情呢?有些错误是否一错再错呢?为了让我们牢记这些错误,少点悔当初,就让我们记录在"人生后悔排行榜"(见表 3 – 1)中,培养自己的科学精神吧。

---

① 部分内容发表于《中学政治教学参考》2017 年第 8 期,收入时略有调整。

表3-1　人生后悔排行榜

后悔排行榜	后悔事件	后悔原因	后悔药（解决措施）

在寓言故事、诗词谚语中体味科学之美。寓言故事一直以来因其充满人生哲理、警世智慧深受喜欢，智子疑邻、盲人摸象、揠苗助长、自相矛盾、郑人买履等耳熟能详的寓言故事、成语故事、俗语俚语，都是取之不尽的民间智慧。诗词谚语是中国优秀传统文化，在诗词谚语中不仅能感受到文学美、意境美，更能领悟到中华民族为人处世、治学修身的智慧美、哲理美。例如，在"黄金无足色，白璧有微瑕"中懂得"要坚持一分为二的观点看问题"，在"学贵知疑，小疑则小进，大疑则大进"中懂得"批判精神"的重要性……

感悟科学之美，要采用学生喜闻乐见的形式（视频、动画、漫画、朗诵、表演、歌曲等）来呈现和展示，以引起学生的兴趣、激发学生的思考、巩固学生的记忆、培养学生的素养。

（二）培育科学之智，在博学中让科学精神起航

愚昧源自无知，知性孕育理性。理智是科学的前提和基础，科学精神素养的培育要感科学之美、悟科学之贵，更应启科学之智、明科学之慧。人对科学的认知发展总是遵循"感性—知性—理性"这一过程。感性是现象的、浅层的、个性的感觉；知性是对事物本质、规律系统体系的认知；"智"是

在日日知的基础上孕育的，知性是理智之根、理性之源，理性在知性基础上逐渐发展，在理性的基础上又发展为科学。

《中庸》指出治学要"博学之，审问之，慎思之，明辨之，笃行之"。博学才能育智，见多方能识广。一个人的科学精神发展史就是他的阅读史，一个人的阅读高度决定了他的科学精神的远度和深度。人类历史上有许多精神丰碑，如孔子、孟子、老子、苏格拉底、柏拉图、亚里士多德、黑格尔、费尔巴哈、马克思、恩格斯等，要达到和超越他们的高度，唯一的途径就是阅读和思考，只有在阅读和思考中和他们对话与交流，才能实现超越与发展。

培根曾说："读史使人明智，读诗使人灵秀，数学使人周密，物理使人深刻，伦理使人庄重，逻辑与修辞使人善辩。"科学智慧需要建立在丰富的阅读和阅历中，需要博古通今、需要学贯中西、需要博览群书、需要文理兼修。阅史、读诗，阅读人类一切智慧之光；阅己、读人，阅读人类一切智慧之理；阅古、读今，阅读古今中外人类一切科学之慧；阅人、读书，阅读人生一切科学之魂。在阅读中丰富、在思考中升华，转知为智、化智为慧，让科学精神起航。

（三）掌握科学之器，在明辨中为科学精神加速

科学智慧为科学精神素养的培育提供了可能和基础。要真正具备科学精神，尚需掌握科学之器，掌握科学之法，学会用科学的观点方法看问题办事情，坚持辩证唯物主义和历史唯物主义的基本观点（见表3-2）。

表3-2　科学精神之器与忌

序号	科学精神之器	科学精神之忌
1	坚持一切从实际出发、实事求是的观点	经验主义、教条主义等主观主义错误
2	坚持发挥主观能动性和尊重客观规律相结合	唯意志主义、片面强调客观条件、安于现状、无所作为、因循守旧
3	坚持实践的观点，与时俱进地追求真理发展真理，注意真理的条件性、客观性、具体性	放之四海皆真理、有用就是真理、用一种理论来检验另一种理论

续上表

序号	科学精神之器	科学精神之忌
4	用联系的观点看问题、坚持整体与部分的统一、掌握系统优化的方法	孤立地看问题、头痛医头脚痛医脚、一叶障目、碎片化地看问题办事情
5	坚持发展的观点、做好量的积累促成质的飞跃、坚持前进性与曲折性的统一	静止的观点、忽视量变好高骛远、激变论、庸俗进化论
6	用对立统一的观点看问题、坚持两点论和重点论的统一、坚持具体问题具体分析	讳疾忌医无视矛盾、眉毛胡子一把抓不分主次、千篇一律生搬硬套忽视矛盾特殊性、片面看问题
7	辩证法的革命精神和批判性思维、创新意识、不唯上、不唯书、只唯实	墨守成规、形而上学
8	坚持社会存在决定社会意识，正确把握社会发展的基本矛盾、发展趋势，坚持群众路线和群众观点	英雄造历史、脱离群众
9	自觉遵循社会发展的客观规律，站在最广大人民的立场上做出正确的价值判断和价值选择，实现人生价值	违背社会客观规律、损害人民利益、做出错误价值判断和价值选择、一生碌碌无为

掌握和运用马克思主义世界观和方法论是培育科学精神的基本路径。为此，要学好"哲学与文化"必修模块，把哲学学得有趣、有意、有味、有思、有魂、有根，用哲学智慧明辨迷茫、指引人生、照亮世界，让生活更美好，让科学精神在阅读中丰富、在学习中发展、在明辨中成长、在反思中沉淀、在沉淀中培育。

（四）培养科学思维，在慎思中为科学精神护驾

科学思维要具备自己思考、换位思考、综合思考、设身处地思考四个维度。自己思考，指的是自己要独立思考，不人云亦云，不迷信权威，不迷信书本，具备批判性思维、创新思维；换位思考，指的是站在对方的立场上体验和思考问题，具备全面思维；综合思考指的是考虑问题要从整体上系统把握，杜绝孤立性和碎片化；设身处地思考指的是学会用联系的观点看问题，

把握联系的多样性、条件性。

在教学策略中，教师可以采取议题中心教学法，培养综合思维、换位思维素养；设身处地体验法，培养代入思维素养；辩论式教学法，培养辩证思维素养；苏格拉底"精神助产术"，培育批判性思维、严谨思维；头脑风暴法，培育创新思维、系统思维；道德两难故事法，培养学生独立思考能力；等等。无论哪种教学策略，都必须彻底改变把知识作为唯一教学目标的思想，只有真正把触及学生灵魂、培养学生素养、立德树人作为教学的根本任务，才能实现应试教育向素养教育转变。无论采取哪种教学策略，教师都必须"深耕"课堂，以大国良师之要求打造素养教学、优质教学、精品教学。

在学习方式方面，要倡导探究学习、自主学习、合作学习、体验式学习、实践中学习，让探究、审问、明辨、慎思、笃行成为习惯，内化为素养，外化为行动。

（五）践行科学精神，在笃行中让科学之光领航

科学精神素养的形成重在养，立在行。"养"指的是学校、教师、家长、社会等各方面的课上课下、校内校外的培养和学生的自我培养，而非漫无目地的放养或是与素养教育背道而驰的错养（如应试教育）。散漫生长只能长出野草，不会培育素养、培养人才；而迷失方向的错养只能让教育南辕北辙、扼杀人才（如填鸭式教学压抑了学生的创新力）。"行"指的是科学精神培育需要自我修行、自我践行、砥砺笃行。

1. 借助负面清单进行自我修行，培养基于个体的科学精神素养

感悟科学之美、体味科学之贵是表层的感知层面，具备科学之器、培育科学思维是中层的方法层面，自我诊断、自我修行是深沉的自省层面。要培育科学精神，让科学精神成为素养还须建立在自我诊断和请人诊断、自我矫正和请人指导、自我修行和外在监督的行为修正上（见表3-3）。

自我诊断是学生对比科学精神的各项要求，从科学情绪、科学方法、科学思维、科学行为四维角度，对比自己日常的各种表现进行诊断，在详细诊断的基础上进行自我矫正、自我修行的方法。

表3-3　科学精神负面清单

评价	负面清单指标	自我诊断	他人诊断	改进措施
非科学情绪	急躁、冲动、盲目，经常发脾气			
非科学方法	主观，不按规律办事，急于求成；孤立看问题，没有大局观；只顾眼前利益，没有长远规划；偏执，做事情不分轻重主次……			
非科学思维	自我为中心，没有换位思维；看问题孤立片面，没有全局思维；看问题表面，没有深究思维……			
非科学行为	不能三思而后行；做事情没有计划；浅尝辄止……			
总评价	……			

2. 对照行为养成表进行自我践行，培养基于行动的科学精神素养

美国心理学家威廉·詹姆斯曾说："种下一个行动，收获一种行为；种下一种行为，收获一种习惯；种下一种习惯，收获一种性格；种下一种性格，收获一种命运。"其深刻地阐述了素养的形成要经历"行动—行为—习惯—性格"的过程。在对照自己负面清单的基础上，提出改进措施，最关键的是要把措施落实到行动中去。

知难行更难，而让行动成为习惯、习惯成为性格更是难上加难。这需要个体自我坚强的意志力、坚定的执行力、科学的引领力。心理学提出了"21天习惯养成法"。该观点认为，习惯养成最少需三阶段约21天。第一阶段为"刻意、不自然"的不适期，时间为第1~7天，这一阶段必须十分刻意提醒和强迫自己认真按照要求标准去改变、行动，咬牙坚持；第二阶段为"刻意、自然"的适应期，时间为第8~14天，这一阶段感觉开始比较自然和舒服，但若停止行为1~2天，又会回到不适期，你必须时刻提醒自己坚持；第三阶段为"不刻意、自然"的稳定期，开始养成行为习惯，称为"习惯性的稳定期"，时间为第15~21天。这时已经完成初步自我改造，习惯初步养成。若能坚持下去，就能习惯成自然，自然成品质（见表3-4）。

表 3-4 科学精神素养行动养成表

素养	改进措施	第 1~7 天表现	第 8~14 天表现	第 15~21 天表现	小结
科学情绪					
科学方法					
科学思维					
科学行为					
科学精神					

3. 砥砺笃行，培养基于行动的科学精神素养

俗话说"不经一事，不长一智"，人的科学精神素养的培育必须扎根实践，基于行动，在砥砺笃行中不断丰富发展。具有科学精神素养的人不是不会犯错，而是能在"错中学""挫中学""做中学"，做到"前车之鉴，后事之师"，实现"吃一堑，长一智"；具有科学精神素养的人不是谨小慎微、墨守成规、故步自封、胶柱鼓瑟的，相反，他必然是实事求是、解放思想、开拓进取、革故鼎新、推陈出新的。

总之，思想政治课堂应该既是有"温度"的走心之旅，又是有"深度"的走脑之途。科学精神素养教学应让学生在课堂有"思"味、有"想"法。应能激发学生思维兴趣，启动学生思维模式，指引学生思维方法，培育学生思维习惯，提升学生思维品质。这样，孩子们在思考的时候就能多点理智少点盲目，在抉择的时候就能多点智慧少点迷茫，在行动的时候就能多点方向少点迷失，在处世的时候就能多点理性少点任性。我们体味科学之趣、感悟科学之美、懂得科学之贵、掌握科学之器、形成科学之魂、起航科学之帆、绽放科学之光，就要让科学精神渗入血液、融入生活、指引实践、照亮人生，做独立人格者、科学思考者、积极建设者、创新发展者，从而展现人生智慧、实现人生价值。

第三节　法治意识素养培育的途径

法者，治之端也。法治，就是用法律的准绳去衡量、规范、引导社会生活。康德曾说过，"有两样东西，我们愈经常持久地加以思索，它们就愈使心灵充满日新月异的景仰和敬畏，那就是在我头上的璀璨星空和在我心中的道德律令"。法治的真谛，在于全体人民的真诚信仰和忠实践行。民众的法治信仰和法治观念，是依法治国的内在动力，更是法治中国的精神支撑。树立法治意识、尊法学法守法用法，既是全面依法治国的必然要求，又是一个人健康生活的现实底线。

一、正确理解法治意识的内涵及课程目标

（一）内涵

我国公民的法治意识，就是尊法学法守法用法，自觉参加社会主义法治国家建设。

（二）课程目标

具有法治意识素养的学生，应能够：理解法治是人类文明演进中逐步形成的先进的国家治理方式，全面依法治国是国家治理的一场深刻革命，明确建设社会主义法治国家的基本要求；树立宪法法律至上、法律面前人人平等的法治理念；懂得权利与义务的关系，养成依法办事、依法行使权利、依法履行义务的习惯；拥有法治使人共享尊严，让社会更和谐、生活更美好的认知和情感。①

---

① 教育部. 普通高中思想政治课程标准（2017 年版 2020 年修订）［S］. 北京：人民教育出版社，2020：6 - 7.

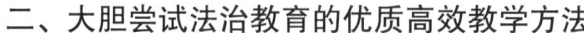

二、大胆尝试法治教育的优质高效教学方法

（一）案例教学法

案例教学法是法治教学的常用方法，以案释法、用法析案，可增强学生的情境体验，调动学习积极性。实施案例教学法，教师需要关注生活法治、聚焦法治热点、精选法治案例、探究适用法理、做出法律判定、思考法治价值，让学生在案例分析、法理探究、法律判定、法旨思考中掌握法治知识，建构法律思维，树立法治观念，培养法治意识。

1. 基于真实生活，精选教学案例

法律是严肃的、法治是严明的、法理是严谨的，教学案例的选择和判定不能随意杜撰和任意假设，它必须基于真实生活、真实情境、真实事件，唯真才能经得起推敲，唯实方能受得住研究。增强案例的吸引力、探究性和真实性，激发学生探究和学习的热情，教师可以选择下列三类案例。第一类是法院已经终审的案例。由于审判结果已经清晰，可用审判结果来检验学生的法律知识、法治思维、法治能力，缺点是在信息化时代，学生很容易从网络搜索到终审结果，降低探究兴趣。例如聚焦"于欢辱母杀人案"探讨法律如何回应伦理困局。教师如果直接用此案例进行教学，由于法院判决结果已经明确，学生在学习时就很容易从网络了解审判结果，从而影响学习。为此，教师可以稍微改动当事人姓名和案发时间，不变案由，学生就有了探究学习的兴趣。第二类是法院正在审理的案件。这类案件由于法院还没有判定，学生和法官是在同时段对该案进行审理，较能激发学生探究的兴趣。学生为了准确做出判定，必然非常认真学习法律知识，对案情进行充分分析，谨慎做出法律判定，期待和法院的判决具有一致性。即使法院最后公布的判定结果和学生探究的判定结果不一致，教师也可把差异作为探究学习的主题，更能促进学生深入探究和学习的热情。第三类是法院已经一审，但当事人正在继续上诉还没有终审的案件。对于这类案件，学生可谈谈对一审的看法，探究当事人上诉的原因、法律依据，探讨法院终审的结果。

2. 基于社会热点，细析法治案例

教师要善于抓住社会法治热点，精心设置法治教育的触点，深入探讨法治教育的焦点，系统反思法治的盲点，真切体味违法犯罪的痛点，紧紧抓住培育法治意识的重点，高效突破法治教育的难点，以案说法，以法律己。

　　每一个社会法治热点的讨论都能引发学生对于法治中国的思考。例如，对于"陈满案""呼格案""聂树斌案"等社会关注度高的法治案例，师生能从一次次纠正冤假错案的举动中，感知到司法在改革中迈向更加公平公正的坚实脚步，师生共同探究如何从体制机制上保证法律的公平公正。聚焦"徐玉玉电信诈骗案"，探讨如何面对电信欺诈；聚焦"校园裸贷案"，探讨思考我们应该树立怎样的金钱观和消费观；聚焦"李文星死亡等传销事件"，探讨大学生就业安全。这一个个真实的案例，能让学生真切地懂得知法、守法、用法、护法的必要性，学会依法保护自己的合法权利，匡扶社会公平正义，推动国家有序发展。

（二）活动式教学法

　　法律是一门系统性、抽象性、逻辑性较强的课程，单凭借教师在课堂上讲授是远远不够的。法律的抽象性致使大多数学生听完法律知识后依然感到云里雾里。法律的生命力在于实践，"模拟教学法、游戏竞赛教学法、真实参与实践法"等活动式教学法有利于生动活泼地培养学生法治意识。

　　1. 模拟教学法

　　这主要包括：模拟法庭、模拟检察院、模拟立法、模拟律师事务所、模拟人民陪审员等。

　　2. 游戏竞赛教学法

　　这主要包括法律知识竞赛、模拟法庭竞赛、看谁判得对、我是侦探家。

　　3. 真实参与实践法

　　这是指让学生做法律的监督者，发现社会中的违法犯罪行为，通过合法渠道给予解决的教学法。例如，拍下交通违法行为上报给交警部门，举报假冒伪劣商品给工商部门，举报网络违法行为给网络警察……只有每一个公民真正成为法治的参与者、法律的守护者，才能有效推动法治社会的发展。教师让学生做法律的思考者，通过以"校园欺凌、校园违法、网络电信诈骗"为主题的调查研究、研究性学习、项目式学习，寻找推动法治社会发展的路径。

（三）设身处地教学法

在教学方式上，要从以讲授方式陈述内容转变为更为生动的讨论方式。最有效的办法是让学生沉浸到模拟法律生活情境中，通过体验式教学，培养学生在具体的法律情境中做出独立决策的能力。

1. 走进自我，法治意识的培养从对照自身开始

学生时常想着法律离自身很远，只要自己不违法，懂不懂法无关紧要，学习法律主要为了应付考试。为了让学生了解懂法的重要性，需采取设身处地教学法，让学生走进自我、走进法律。一是开展"照照看"活动，对照自己的哪些行为容易违法，例如为了哥们义气帮朋友一起打架、给同学取外号、顺手牵羊拿同学的手机等；二是开展"怎么办"活动，设想当自己的合法权利受到侵害的时候应该如何办，例如当受到校园欺凌的时候应该怎么办、当自己的财产被盗窃后该怎么办、当买到假冒伪劣商品的时候怎么办等。

2. 走向法庭，法治意识从法院逐渐明晰

走进法庭，旁听审判，体验法与罪的关系，树立法治思维，明辨是非，让自己的行为合法，避免违法。走进法庭，了解法院在我国国家机构中的地位、法院的职能、法院接受案件审理案件的流程和依据……因为了解，所以不恐惧；因为熟悉，所以不抵触。心理的亲近为学生依法办事种下了幼苗。走进法庭，聆听旁审，思考什么是违法？什么是犯罪？为什么会违法犯罪？判定是否有罪的法律依据是什么？

3. 走入生活，观看视频图片；走进案例，在他人的故事中思考自己的人生

视频和图片以其真实的故事、颇具视觉冲击力的影像震撼内心，触及学生灵魂。教师可以经常从中央电视台《今日说法》栏目下载剪辑有关视频给学生观看、分析、研究，也可以请同学们拍下日常生活中、校内外常见的违法行为，例如闯红灯、校园欺凌、破坏共享单车等。还可邀请法治副校长、法官、检察官、警察等相关人士介绍本辖区的真实案例，让学生感知到法律就在身边。

4. 走进社会，调查研究，在理性中思考

一是通过社会调查、研究性学习，对中学生中存在的违法犯罪现象进行问卷调查、社会访谈，通过研究唤醒法治认知。二是调查统计近年我国依法

治国取得的伟大成就。例如，在司法公正方面，司法机关先后纠正了一系列重大错案，从一次次防范和纠正冤假错案的举动中，感知到司法在改革中迈向更加公平公正的坚实脚步；在严格执法方面，对环境污染零容忍，治理网络订餐乱象，打击药品临床数据造假……在越来越多民生相关领域，政府严格执法正成为常态；在科学立法方面，我国的立法步伐始终紧跟时代发展，《中华人民共和国宪法》修正、《中华人民共和国民法典》诞生、《中华人民共和国网络安全法》诞生、《中华人民共和国环境保护法》全面修订、《中华人民共和国食品安全法》修订、《中华人民共和国大气污染防治法》诞生等为民族复兴提供有力的法律保障。

三、法治精神素养培育的路径

法治意识素养是指人所具备的法治品格和能力，是法治认知、法治观念，法律知识、法治行为及法治习惯、法治情感的综合体。法治意识的养成并非一教就会、一蹴而就的，而是需要经历法律思维的启蒙、法治知识的发展、法治信念的培养、法治意识的实践的阶梯式递进过程。陆游在《冬夜读书示子聿》一诗中写道："纸上得来终觉浅，绝知此事要躬行。"与其纸上谈兵讲授知法、守法、用法多重要，违法、犯法后果多严重，远不如让学生亲身参与、感性认知、理性反思来得震撼。同样，法治意识素养的培育需要融入真实生活。

（一）在直觉竞猜游戏中知法，形成法知

知法是法治意识素养的前提。只有认知守法的重要性、违法的危害性、用法的实效性、护法的必要性，才能萌生法治情感。否则，就不会有学法的自觉性、守法的自律性。

当前许多人违法犯罪的根本原因是不知法。此处的不知法并非指这些人不知道法律的存在，而是没有认识到自己的行为是违法，或因司空见惯习以为常，或因一时冲动一时疏忽，或因一时贪欲一时侥幸，或因对他人及社会公共利益的损害不甚明显而常被忽视和淡忘。正是法律盲区（即某种行为的性质是违法的，但当事人自己不知道，并且一般情况下，由于违法行为轻微没有处罚）的存在，导致了社会轻微违法行为的经常存在，甚至演变为犯

罪。防微杜渐，把违法扼杀在萌芽状态特别重要。

为了让学生有初步法律认知，在教学中，教师可以开展"你犯法了吗"趣味直觉竞猜小游戏。具体规则如下：教师（或者学生）选取日常生活中20~50个常见且容易被忽视的违法行为，让学生进行1秒钟直觉（即不加思考，凭直觉直接回答）竞猜回答，目的是先从直觉认知上矫正学生错误认识，初步树立正确的价值判断，形成法治直觉。

生活中常见且易被忽略的违法行为主要有：闯红灯、行人不走人行横道过马路、下载盗版音乐和盗版影视节目、在名胜古迹上刻字、随意使用他人肖像姓名或者乱给他人起外号、破坏共享单车、随意扔垃圾、故意损坏人民币、捡到东西不还、购买赃物、小偷小摸行为、打架、"诈钱"行为、辱骂他人或捏造事实、散布谣言、寻衅滋事、聚众斗殴等。

（二）在案例探究抢答中懂法，培育法智

懂法是法治意识素养的基础。犯罪分子特别是青少年违法犯罪的根源大部分是不懂法、不知法，故而无知而无畏、无畏而无惧、无惧而无法。只有具备了一定的法律知识，才可能具备用守法、用法、护法的能力，法治意识才更具体、更丰富、更现实、更具生命力。只知不懂也是法盲。为了增强法律学习的趣味性和探究性，告别枯燥法律条文学习，促进学生自主探究学习，可以采用法律知识竞赛、案例分析等教学法进行。例如，教师准备几个典型案例，以4人小组为单位把全班分为若干小组，让学生课前进行法理准备，以达到自主探究学习效果，然后在课堂以小组为单位进行游戏竞赛，分为必答题和抢答题两个环节，每个小组先抽签回答必答题，然后再进行抢答。这两个环节要求每组详细分析该行为是否违法、处罚依据、处罚的决定……

上述"直觉竞猜游戏"中，我们可以继续追问各种行为到底违反了什么法？会受到什么处罚？

1. 闯红灯

《中华人民共和国道路交通安全法》规定：行人通过路口或者横过道路，应当走人行横道或者过街设施；通过有交通信号灯的人行横道，应当按照交通信号灯指示通行。第八十九条：行人、乘车人、非机动车驾驶人违反道路交通安全法律、法规关于道路通行规定的，处警告或者五元以上五十元以下罚款。

2．使用盗版软件

《计算机软件保护条例》规定：软件的复制品持有人不知道也没有合理理由应当知道该软件是侵权复制品的，不承担赔偿责任；但是，应当停止使用、销毁该侵权复制品。

3．网络诬陷辱骂攻击他人

《关于审理利用信息网络侵害人身权益民事纠纷案件适用法律若干问题的规定》中指出，雇佣、组织、教唆或者帮助他人发布、转发网络信息侵害他人人身权益，被侵权人请求行为人承担连带责任的，法院应予支持。

4．公共场合吸烟

《公共场所卫生管理条例实施细则》明确规定室内公共场所禁止吸烟。而且，一些地方是有明确罚款规定的，罚款最高达500元。

5．乱丢垃圾

《中华人民共和国固体废物污染环境防治法》规定：收集、贮存、运输、利用、处置固体废物的单位和个人，必须采取防扬散、防流失、防渗漏或者其他防止污染环境的措施；不得擅自倾倒、堆放、丢弃、遗撒固体废物。

6．工作太忙，无暇看望父母

《中华人民共和国老年人权益保障法》于2013年7月1日正式实施，规定：家庭成员应当关心老年人的精神需求，不得忽视、冷落老年人。与老年人分开居住的家庭成员，应当经常看望或者问候老年人。

7．随意使用他人肖像、姓名或者乱给他人起外号

我国宪法规定肖像权、姓名权是公民的专有权，除法律规定情形，任何人不经本人同意都不得使用公民的肖像、姓名，也不得给他人起外号。给他人起外号，也是侵犯他人姓名权的一种表现形式。有些带有贬义的外号，例如"绿头龟""癞蛤蟆"等外号不仅侵犯了他人姓名权，还有侵犯他人名誉权之嫌。

此外，师生还可以就中学生中常见的违法犯罪行为，例如校园欺凌、打架、斗殴、盗窃、破坏公物等，继续深入探讨，开展游戏学习。学生熟悉掌握、分析理解常见的违法犯罪行为的表现、危害、后果，并且能做到在日常生活中遵守法律，争当守法公民。

（三）在模拟法官竞聘中学法，培育法慧

学法是法治意识素养培养的路径。法律不同于道德，具有明确的边界和

条例，具有规范性和强制性等特征。人的法律知识并非天生的，知法不等于懂法，懂法不等于用法。要想更准确地知法、懂法、用法，就需要认真学习法律知识。

围绕中学生常见的案例开展模拟法庭活动，是一种基于主题的法治教育任务式学习。例如，基于校园暴力或者校园欺凌案例进行一次全年级模拟法庭活动。教师可以开展"选拔校园欺凌案件主审法官团队、公诉机关团队、辩护律师团队竞聘选拔赛"。活动步骤如下。①教师公布一个真实校园欺凌案件改编的案件，交代案情。②设置主审法官团队、公诉检察机关团队、辩护律师团队角色。让学生自由组织角色小组，开展案例分析和准备。③角色竞聘，同类角色分别就自己小组的研究进行竞聘，选择为模拟法庭主角。④开展校园模拟法庭活动。⑤为了更加真实，可以直接去法院开展模拟法庭活动；或者邀请法官到校园指导并观摩活动。⑥邀请检察官、法官、律师、警察等专业人士评价。⑦学生进行反思和交流活动。基于主题的任务式驱动学习，有利于激发学生主动学习法律、探究法理、审视自身行为的兴趣，竞聘形式又有助于激起学生的好胜意识，相互竞争，相互学习，形成外在压力。

以美国模拟法庭为例，美国宪法权益委员会每年都会根据某件真实的案件改编一个虚构的案件提供给全美模拟法庭比赛。每个高中的模拟法庭队共18人，起诉队9人，被起诉队9人。每个队有3名律师、3名证人、3名其他法庭人员。每个队都配备1名高中教师和2名教练（有执照的律师，最好1名是刑事律师，另1名是地方检察官）。每年秋季开学后进行集训，然后到县的高级法院比赛。法庭的法官是1名真正的法官，陪审团由2~4人组成，也是真正的律师和法官。比赛在某校的起诉队与他校的被起诉队之间进行，整个过程全部遵循美国法庭案件的过程。通过模拟真实的法庭审判程序，让学生在亲身体验中树立起法治意识，做一个知法守法的公民。

教学不只是模拟，更应该基于真实生活，为了更深刻、更真实地培育法治意识，可以开展"走向法庭"活动。走进法庭，旁听审判，体验法与罪的关系，树立法治思维，明辨是非，让自己的行为合法，避免违法。走进法庭，了解法院在国家机构中的地位、法院的职能、法院接受案件和审理案件的流程与依据……走进法庭，聆听旁审，思考什么是违法？什么是犯罪？为什么会违法犯罪？判定是否有罪的法律依据是什么？

（四）在真实体验参观中敬法，形成法根

敬法是法治意识的重要表现。法治信念是法治意识素养的标识，唯有敬畏法律，才会尊重法律，才能真正认同法律，使用法律。卢梭认为："一切法律之中最重要的法律既不是刻在大理石上，也不是刻在铜表上，而是铭刻在公民的内心里，它形成了国家的真正宪法"日常生活中时常存在知法犯法、知法不信法、懂法抗法的现象。知法而不信法、懂法而不敬法，法治就永远是一句空话，素养就永远是一种愿景。

畏法必须做到：一是要认识违法的危害性及后果的严重性；二是要在全社会形成尊重法律的风气，没有特权和特殊，法律面前一律平等，没有法律特权；三是要全面依法治国，违法必究，执法必严，不存有法律死角。对于中学生来说，要让学生充分意识到任何违法行为都必须受到法律的惩罚。

为了让学生理性认识违法的综合成本，教师可以举行一个"算算违法成本账"游戏。就中学生中某些常见的违法犯罪行为，让每个小组的学生在海报上列举违法成本关键词，要求直观、通俗，让人印象深刻，并进行最佳设计评比。例如，教师在课堂上设置"打架成本说说看"环节（见图3-1）。把全班分为8个小组，每组6人，要求每组设计若干个关键词描述打架的后果和成本；要求朗朗上口，让人过目不忘，在班级展出，投票评选出最佳作品奖，挂在年级走廊。为了扩大影响力，评选通知可以张贴在学校公告栏，进行投票评比，从而达到全校接受教育的效果。

打架成本这么高，请你冷静莫出手

直接成本＝5至15日拘留＋500元至1 000元罚款。

情感成本＝心情沮丧郁闷＋家人朋友担心＋关系恶化。

经济成本＝1 000元以下治安罚款；民事赔偿金；刑事罚金；医疗费；律师费；诉讼费；误工费；交通费；护理费；营养费。

自由成本＝轻微伤：15日以下治安拘留；轻伤：3年以下有期徒刑、拘役或者管制；重伤：3～7年有期徒刑；死亡：10年以上有期徒刑、无期徒刑或者死刑。聚众斗殴：10年以下有期徒刑；寻衅滋事：10年以下有期徒刑。

政治成本＝前科记录，就业、参军等受很大影响。

其他成本＝口碑差，名誉形象受损……

标语：（1）打架斗殴成本高，丢人赔钱又坐牢。
　　　（2）打架成本＝打赢坐牢＋打输住院。

图3-1　打架成本

（五）在社会参与中用法，践行法治

法治笃行是法治意识的关键素养。只有把法治意识转为法治行为和法治实践，做社会主义法治的忠实崇尚者、自觉遵守者、坚定捍卫者，依法行使权利、自觉履行义务、维护公平正义，才能成为有尊严的中国公民。在生活中，我们要坚定做法律的应用者、宣传者、守护者、监督者、建设者。

1. 法治的应用者

法律的应用就是在生活中，当我们受到校园欺凌时、当人身财产生命安全受到侵犯时、当名誉尊严受到践踏时，必须勇于和善于拿起法律武器维护权利。

2. 法治的宣传者

秩序良好的社会必然是一个人人懂法守法的世界，我们应该扎实掌握好常见的法律常识，做法律的宣传者，让自己的家人、朋友、社区、社会都懂法、用法、守法。

3. 法治的守护者

当前，损害公共利益的行为并不鲜见。例如，破坏共享单车、破坏公共设施等。只有每一个人都能伸张正义，智勇地制止各种违法犯罪行为，坚决维护公共利益，维护社会整体利益，才能实现个人利益，维护社会的公平正义。

4. 法治的监督者

当某些执法部门违法不究、执法不严、执法不公、违规执法时，公民要善于监督，建议献策，就完善执法提出自己的个人建议，让法治的阳光普照在社会的每一个角落。

5. 法治的建设者

随着经济社会的发展，国家的各种法律法规也必然不断发展，全国人大常委会、国务院等部门在制定一些法律法规条例时，经常会在其官网公开征求意见。一个负责任的公民，可以积极建言献策，发表自己的建议意见，从而推动国家法治的不断发展。

例如，登录全国人大网的"法律草案征求意见"页面（www. npc. gov. cn/flcaw/，见图 3-2），每个公民都可以就自己感兴趣的草案提出深思熟虑后的建议，推动我国法律法规更加完善。

图 3-2 全国人大网的"法律草案征求意见"页面截图

"道虽迩，不行不至；事虽小，不为不成。"中学法治教育，就像在学生心中点燃法治的火花，燃烧成熊熊烈火，给学生点亮一条前行的灯，助其健康成长。

第四节 公共参与素养培育的途径①

一个成熟社会，必然是一个公共参与度高的群体；一个优秀公民，必定是一个社会责任感强的个体。《普通高中思想政治课程标准（2017 年版 2020 年修订）》把公共参与作为思想政治学科的四大学科核心素养之一，探究中学生公共参与素养的培育途径，对于立德树人具有重要意义。

---

① 部分内容发表于《教学月刊·中学版（政治教学）》2016 年第 8 期，收入时略有调整。

一、正确理解公共参与内涵

理论为行动的先导。学生的公共参与素养并非自发自生的，需要具备一定的知识素养和情感素养，要明白"为什么要公共参与、什么是公共参与、公共参与什么、怎样公共参与"等。只有解决了学生认识的问题，才能激起参与热情；只有澄清了学生困惑的问题，方可解除参与难题。

我国公民的公共参与，就是有序参与公共事务，承担社会责任，积极行使人民当家作主的政治权利。理解公共参与素养需从以下三方面把握：首先，它是一种意愿、能力。公民有主动参与的愿望、热情、意识，即"我想"；它还是一种能力，具备参与社会公共事务素质，即"我能"。其次，它是公民主动、有序的参与。主动参与是相对于动员参与、被动参与而言的，不同于随大流式参与、被迫式参与、被动员式参与和非主动参与；有序参与就是合法合规，在法律政策允许的范围内参与。最后，公共参与的内容包括四个方面：参与社会公共事务、承担公共责任、维护公共利益、践行公共精神。

作为中学生，公共参与素养表现为三个维度五项内容。三个维度即公共事务、社会责任、政治权利。五项内容分别为：一是有序参与公共事务，热心公益事业，践行公共道德；二是勇担社会责任，乐于为人民服务；三是具备善于对话协商、沟通合作表达诉求和解决问题的能力；四是具有集体主义精神；五是积极参与民主选举、协商、决策。

二、科学培育公共参与素养

（一）提高公共参与认识，做到"想参与"，解决态度问题

"想参与"是态度问题，是"能参与"的前提和基础。要让学生想参与，一是提升学生对公共参与意义的认识，使学生充分认识到公共参与不仅事关个人的前途和命运，更关系社会、国家、民族的发展和未来，只有一个人人参与的社会，才能促进社会和个人的发展；二是营造人人参与的氛围和环境，通过参与的环境感染人，激发参与热情；三是建立激发学生公共参与

的评价和激励机制，把公共参与的行动和效果作为升学、评优、个人素养评价的重要依据。

（二）提升公共参与本领，实现"能参与"，解决能力问题

"能参与"是能力问题，是"想参与"的保证和关键。要做到"能参与"，一是要让学生知道公共参与是什么？怎么进行公共参与？二是让学生掌握公共参与的途径、方法、技能。为此，要培养学生公共参与的知识素养、技能素养。知识素养学生可以通过学习课本有关知识获得，技能素养可以通过模拟人大、模拟政协、模拟政府等活动来养成。

1. 模拟人大问国计

模拟人大代表的选举、模拟人大议案的撰写提交表决等活动，让学生在亲身感受和实际模拟中深入理解人民代表大会制度的民主内涵、功能意义和社会价值，激励学生关心国计、社稷、民生，将书本知识转化为实践技能，培育学生心怀天下、情系国家的优秀品质，增强人民当家作主的责任心、使命感和行动力。

模拟人大活动主要有三个流程。一是模拟人大代表选举，包括候选人登记、演讲、竞选。二是模拟人大议案。把全班分为若干小组，每个小组选取关心的国计民生问题，历经调查研究，撰写反映时代呼声、人民诉求的有关议案（议案须包括议案缘由、问题分析、解决方案三部分），然后递交模拟人大审议。三是议案的审议。各议案需征得10人以上同意方能在班级人大会议上陈述；各议案陈述时间为8分钟，另有3分钟答辩；各议案陈述完毕后，进行统一的表决，超过代表人数一半则给予通过。学生通过参与议案的撰写、审议和辩论，可以提高调查研究能力，锻炼表达能力，感受民主政治的魅力。

2. 模拟政协思民生

模拟政协活动主要是模拟政协委员参政议政职能，即学生对社会生活中的热点问题以及人民群众普遍关心的问题，开展调查研究，反映社情民意，进行协商讨论。通过调研报告、提案、建议案或其他形式，向有关部门提出意见和建议。

模拟政协提案活动经历"确定选题、调查研究、撰写提案、阐述提案、答辩提问"的过程，就是一个激励学生主动学习、掌握、运用"调查、分

析、研究、撰写、演说、辩论"的知识方法和能力的过程，就是一个在"对话问题、对话同伴、对话政策"中"关注民生、了解政策"的过程，就是一个提升社会责任感、培育公共参与素养的过程。

在 2018 年 3 月的全国政协会议上，由广东实验中学和杭州二中联合提交的《关于规范家政服务人员准入和企业管理的提案》由全国政协委员代为提交全国政协。中学生提案上"两会"的意义不只是在于提案本身内容价值，更彰显了当前中学生公共参与素养的不断提升、我国政治民主的不断发展的成果。

3．模拟政府寻良策

政府作为与公民日常生活最密切的国家机关，它的决策关系着公民的切身利益。政府科学、民主决策离不开公民的公共参与。模拟政府决策既有利于学生了解政府决策机制，掌握参与政府民主决策的方法，又有利于公民理解政府、支持政策，共建政府和公民和谐统一的关系。

模拟形式一：热点政策你来定。模拟政府就某社会关注的热点问题进行决策，譬如搜索引擎网站的监管问题、城市为解决塞车难题是否该收拥堵费问题、省的重点大学招生计划人数该不该调剂到省内中西部地区问题等。模拟热点争议问题的决策，有利于激发学生主人翁意识，激励其聚焦热点、关注生活，也有利于学生换位思考，理解政府的立场、支持政府政策。

模拟形式二：科学政策你思考。通过对正反真实事例的分析，探讨政府如何科学民主决策。例如同样对待某软件打车平台，甲市充分调查、广泛征求意见，根据有关政策，积极支持和规范该软件打车行为，获得社会一致好评；乙市为维护本市利益，严厉打击软件打车，被社会各方所抨击。从政府不同决策的立场、过程、效果思考，政府如何出良策、拒劣策。

模拟形式三：民主决策你参与。模拟公民参与民主决策的途径、方式。例如，模拟听证会、模拟参与社情民意反馈、社会公示等各种途径、方法。

模拟形式四：争议决策你协商。模拟公民与政府决策冲突场景，分别从政府、利益相关群众、专家角度思考如何建立政府与公民的良性互动关系，提高公民通过对话协商、沟通与合作表达正当诉求、理智解决冲突的能力。

三、努力促成公共参与实践

（一）社会调查探真相

公共参与的前提是公民对公共事务、社情民意的真实、全面、深入了解。无论是模拟政协的提案，还是模拟人大的议案，都是建立在社会调查基础上的。广泛发动学生针对公共事务开展深入细致调查，分析其背景、成因、意义或危害，提出合理建议，撰写社会调查报告，为有关部门提供决策依据，能推动学生既了解社会，又增强公德意识、公益精神，提升社会责任感。

社会调查可以是面向学生自身的公共参与、社会公德意识、公益精神情况的调查；也可以是学校的管理、环境、运动、学习、生活等情况的调查；还可以是社会公益、公民公德情况、国计民生的调查。

（二）研究学习提妙计

社会调查更多的是了解、反映情况，提出问题、分析问题。要解决问题，还需要进行研究性学习。在社会调查的基础上，通过文献研究法、对比分析法、实验研究法等，对各种公共事务进行研究，提出解决对策。

可组织学生开展各种有关社会公德、公益活动、公共参与、国家治理等方面的课题研究。学生在研究性学习中经历研究探索的体验，形成善质疑、乐探究、勤动手、勇求知的积极态度，有利于培育他们的创新精神和实践能力，学会关心社会的进步和国家的发展。

（三）民主参与齐努力

学生可通过社会调查、研究性学习等方式间接参与公共事务，也可通过参与民主管理、民主决策、民主监督等方式直接参与公共事务和国家事务的治理。

在参与民主管理方面，可指导学生参与居委会（或村委会）的环境治理、治安管理、交通管理、文化教育等方面的行动，可以在调查研究的基础上提合理化建议，也可以参与到各项具体的管理行动中。在参与民主决策方面，当前国家各级行政部门的重大决策都会有网上征询意见的程序，教师可指导学生充分利用好互联网，积极参与政府的各项决策咨询，进行社情民意反馈，对决策提出合理化建议。在参与民主监督方面，学生可以通过网络、手机、电话等进行监督举报，例如通过中纪委的网络渠道举报贪污受贿情况和违反"八项规定"的问题。

（四）公共事务我参与

每个公民都是社会的一分子，公共参与需要身体力行，从我做起，从小事做起。当政府决策征询意见时，我们积极参与，发表建议，使决策更加科学民主；当发现违法犯罪或网络有色情反动信息时，我们向公安部门举报，让社会更加安全和谐健康；当发现贪污腐败时，我们向纪检部门检举，社会风气就能更加清正廉洁。当学校某水龙头漏水时，我们可以关好它；当某人跌倒时，我们可以扶起他；当某人遇到困难时，我们可以帮助他。当下水道井盖不见了，我们可以做好标示，向市政园林部门报告，这样就能避免他人掉入下水道；当某个红绿灯坏了，我们可以向交通管理部门打个电话，以避免交通事故发生；当某些单位乱收费时，我们可以向有关物价部门举报；等等。

（五）公益精神我践行

公益精神是公民参与公共事务的管理与解决，是促进社会进步与发展的一种信念。它是一种志愿者精神、利他精神，是一种社会责任感。例如，参加各种志愿者活动、从事各种义工，参与救灾、扶贫、助残等困难的社会群体和个人的活动，资助科教文卫体事业，参与环保、公共设施建设，参与促进各项福利事业的活动，这些都是在践行公益精神。

（六）社会公德我遵守

公德是国家和社会成立的先决条件。梁启超在《论公德》中写道："公德者何？人群之所以为群，国家之所以为国，赖此德焉以成立者也。"

讲社会公德，要做到文明礼貌、助人为乐、爱护公物、保护环境、遵纪守法。短短的20个字，知易行难。我们当看见某些人不遵守社会公德的时候，或义愤填膺，或熟视无睹，更有甚者自己就是其中一员。公德社会必须从个人美德做起，从不讲粗口、不乱扔垃圾、不闯红灯、不乱刻乱画做起；

从文明礼貌、助人为乐、爱护公物、保护环境、遵纪守法的小事做起，行小善，聚大德，积公德，济天下。

四、网络创新公共参与途径

由于诸多现实因素的制约，在互联网时代，教师可以创新公共参与途径，指引学生通过网络等方式进行公共参与。以下以"政治与法治"模块为例，探讨学生如何通过网络进行公共参与。

（一）民主决策——"一网情深"

公民只有从学生时期起具备权利意识、义务意识、参与意识、公民意识，积极参与国家有关决策，才能促进我国有关决策更加科学民主，才能更好地理解和执行有关决策。随着社会主义民主政治不断发展，有关部门决策的时候越来越重视社情民意，往往会通过其网站（微信、微博）进行有关决策的民意调查和重大事项公示，广泛征求民意。

中国政府网有"建言征集"这一栏目，经常发布有关征求建言建议的通知。在学习"法治政府""人民当家作主"等内容的时候，我们可真实组织学生参与有关意见的反馈。打开 https://www.gov.cn/hudong/wsdy/网页（见图3-3），点击相关主题，认真负责任地递交自己的建言建议，辅助政府科学决策。

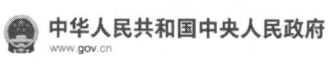

中华人民共和国中央人民政府
www.gov.cn

建言征集

- "@国务院 我为政府工作报告提建议"网民建言征集
- 我对乡村产业说几句
- 检验检测行风突出问题征集
- 供暖季网民意见建议征集
- 优化医保便民服务建议征集

- 稳外贸政策实施效果线上问卷调研
- 重阳节，关于养老请来说几句
- 中小企业高质量发展意见建议征集
- 涉企乱收费问题线索征集

图3-3 中国政府网"建言征集"栏目页面

教师以学生真实参与的态度、质量评价学生，并且作为平时成绩。

（二）民主监督——"天网恢恢"

监督权是公民的基本政治权利，公民行使监督权，有多种合法渠道。例如可以通过网络进行信访举报；通过电子邮件，将自己的意见、建议和要求反映给人大代表；依法通过网站发表自己的意见；参加网络评议政府。为了更好预防腐败和各种不正之风，中纪委和国家监委开通了网络举报平台（http://www.12388.gov.cn/）；为了保证党风政风清正廉洁，反对"四风"和腐败，中纪委开通了"违反中央八项规定监督举报专区"。教师可以在课堂现场点击这些网站，让学生知道举报流程，懂得如何举报，让每一个公民都担当起监督人的职责。

在进行网络监督的时候，我们既要鼓励学生网络监督的热情，也需要指导学生负责任地、科学高效地进行监督，既要懂得网络监督流程，又要确保监督内容真实、监督事实清楚、证据确凿、监督程序合法。当每一个公民都以主人翁的精神参与监督，腐败分子就无处可藏，社会主义事业就能更好地发展。

（三）民主管理——"微信"不"微言"

实行村民自治和城市居民自治，管理基层公共事务和公益事业，是人们当家作主的有效途径。在基层民主自治的民主实践中，许多居委会、村委会都开通了本社区居委会（或村委会）的微信公众号，微信内容涉及信息公布、财务公开、调查问卷、意见征询等。中学生可以在微信上积极参与各种活动，主动提出有关建设性的建议（例如，本社区的交通建设与管理、文化体育设施、环境治理、治安建设等），参与本社区民主管理，学习民主管理的知识和技能，体验民主管理的意义和价值，在民主管理的实践中逐步增强和提高自己政治的责任意识和实际本领。

天下兴亡，匹夫有责。与其抱怨社会公德的缺失、公益精神的远离、公共参与的荒芜，不如潜心修行，育得素养，化为行动，润泽社会，造福人民。公共参与素养的高低不在乎懂得多少、会多少，而在于真正参与了多少、参与了什么、取得了多少实效。我们只要努力践行、认真践行、乐于践行，就能获得最好的素养。

第四章

书写模块学科核心素养教学新篇章

新时代需要有新思考。书写学科核心素养教学新篇章，需要理论引导、策略指导，也需要实例探讨。本章结合近年省级大赛优秀佳作，探讨各必修模块学科核心素养教学新方法。从这些优秀的课例中，思考与凝练学科核心素养教学的共性，结合教师的个性和教学特点，形成自己特色的素养教学，踏上学科核心素养教学新征程。

第一节　"经济与社会"模块素养教学探索与实例

——以广东省优质课为例

"经济与社会"模块由于紧贴学生生活，一直深受学生喜欢。但由于在教学实践中，部分教师脱离生活讲经济，围绕应试授知识，大大弱化了教学效果和学科魅力。"经济与社会"模块学科核心素养教学应该基于真实生活情境、创设探究参与活动，遵循生活主线和思维逻辑层层推进。

一、基于真实经济生活情境

（一）真实生活是教学的起点

"经济与社会"教学应该基于真实经济生活情境。这种真实生活情境既可以是个人的经济行为，如个人消费、个人收入、个人理财，也可以是家庭的经济生活，如家庭收支、家庭理财、家庭经营，还可以是社会的经济情势，如宏观经济发展、高质量发展、新质生产力、物价、金融、房地产、外贸等，也可以登录国家统计局官网查阅有关经济数据发布与解读等。真实的经济生活给教学提供了无限的素材，唯有根植真实经济生活才有真学习、真素养。

（二）只有精选精设的情境才能成为教学情境

真实生活现象五花八门，并非所有的生活经济情境都可以随时拿来教学，只有经过教师精心选择和精致设计的真实生活情境才能作为教学起点。在情境选择上，我们应该基于学生的视角，选择学生有兴趣、探究有可能、教学有效果的新颖素材。例如，为了探究"生产决定消费"，选择苹果手机不断升级换代来引领消费不断升级的素材未尝不可，但如果选择电动汽车、人工智能等素材则更具吸引力。首届广东省青年教师教学能力大赛一等奖获得者黄华林老师执教的"国家财政"（见附录二）一课，使用"大数据"和学生身边的"广佛地铁"建设案例，引领学生对"地铁建设的钱从何而来？""财政收入过多会带来什么问题？""为什么要加大科教文卫和社会保障的支出？""经济为何会波动？"等一系列问题进行思考与探究。

二、遵循生活主线和思维逻辑层层推进

在日常教学中，我们常见的教学模式是"知识点呈现—知识点讲解—知识点举例—知识点练习"的课堂教学推进方式。例如，讲"更好发挥政府作用"一框时，不少教师教学的推进路径为：（1）社会主义市场经济体制的基本特征—举例—练习巩固。（2）我国政府的经济职能和作用—举例—练习巩固。这种课堂推进虽然也涉及事例，但还是基于知识点的举例式讲授法，属于接受式教学。

（一）在整课逻辑结构设计上，要遵循实践逻辑

根据建构主义学习理论，学习应该基于情境，通过对议题的探究，自主建构知识，在建构知识的过程中培养能力，育得素养。学科核心素养教学推进路径应该是起于生活情境，遵循实践逻辑的。例如，讲授"国家财政"时创设微讲解、微游戏、微探究、微参与、微思维5个环节推进教学。广州市

执信中学谢丹丹老师在执教"更好发挥政府作用"一框时（见附录一），设计了"观中国奇迹 悟体制优势""识助农举措 探政府职能""知识梳理、总结提升""爱粮惜粮 做节粮践行者"4个探究与实践环节。第一环节通过学生课前搜集资料并分享，探索"中国奇迹"离不开党的领导、政府的积极作为，引导学生从这些措施中总结社会主义市场经济体制的基本特征，体会感悟社会主义市场经济体制的优势。第二环节通过助农举措和政府职能进行匹配连线活动，引导学生探究政府的职能和作用，引导学生理解政府对弥补市场缺陷、调节经济发展等发挥的重要作用。进一步感受我国的社会主义市场经济体制把有效市场和有为政府相结合的优势，增强政治认同、培养科学精神。第三环节通过知识框架的构建，帮助学生厘清各知识的内在关系（包括与第一课所学知识的关系），更深入、完整地理解所学内容，培养科学精神。通过视频素材的拓展，学生得以跳出粮食安全话题，看到该体制下我国取得的多方面成就，以更宏观的视角感受体制的优势，进一步提升政治认同。第四环节通过写宣传标语的活动设计促进学生知行合一，将节约粮食爱护粮食的意识落实到自己的生活中，从校园开始倡导，身体力行做践行者，培养学生公共参与的学科核心素养。4个环节内部都遵循"情境感悟—问题探究—任务驱动—学习分享—素养培育"的学生认知规律。同时，4个环节之间的情境"吃饭—粮食—农业—珍惜粮食"呈现有序合理，具有主题的一致性，又有逻辑的有序性，各个情境对应着相关知识主题、承载学习任务、落实核心素养。所以本段所讲的逻辑性，包括两个层次，一是整课环节设计、情境设计要有逻辑性，要有序。二是各环节活动内部安排要有序，遵循情境、问题、任务、探究、分享顺序。

（二）在每个情境学习中，遵循"情境—问题—任务—探究—分享"的模式

在广东省首届青年教师教学能力大赛中，杨佳老师在"发展生产 满足消费"一课中，也采取主线推进式教学法，抓住党的十九大提出的"我国新时代社会主要矛盾"引发学生思考"发展生产 满足消费"如何"匠心筑梦"追求"美好生活"，最终助力实现"中国梦"，带领学生坐上"复兴号"，开启"寻梦之旅"，设计了寻梦启航、逐梦前进、匠心筑梦、发展圆梦4个"旅程"，引领学生为实现伟大的"中国梦"而奋斗（见图4-1）。

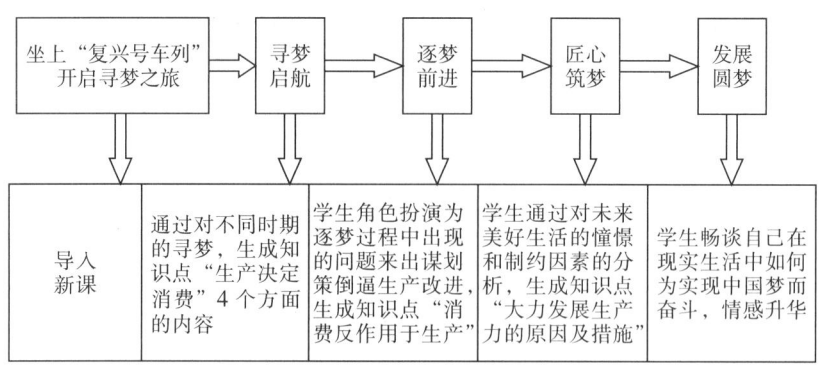

图4-1 "发展生产 满足消费"一课的环节及设置意图

三、创设探究参与活动

(一) 无活动没探究不素养

素养的养成是以知识学习为载体，在活动过程中孕育的。活动型教学的模式一般为"情境—探究—思考—分享"。在探究、思考、分享中，学生能力和素养得到培养。讲授法忽略了学生的探究、思考、分享环节，学生也许能快速获得知识，却不一定能转化为能力，内化为素养。因此，在教学的时候要把内容活动化，活动内容化。

"国家财政"一课中创设了4个活动探究，即"微游戏：地铁建设成本竞猜""微分享：案例分享·感悟财政作用""微探究：案例分类·理解财政作用""微参与：财政政策传导机制图"。每一个活动探究中都有情境设置、情境分析、探究分享。4个微活动集时政性、趣味性、知识性、探究性于一体，做到了实践逻辑和思维逻辑相统一，有利于学生建构对财政问题的认知体系，深化对财政作用的理解，提升思辨能力。活动设计既有经济理论的建构，又有推理思维能力培养的引领。

(二) 精巧设方有高获得

在活动参与的时候，一定要精心设置有思维含量的探究问题，要真合作、真探究、真思考、真分享、真收获。不能只追求活动的热闹，而忽视活动的高效；只追求活动的环节，而忽视活动的过程；只追求活动的外在，而忽视活动的内涵；只重视活动的预设，而忽视活动的生成；只重视活动的知识结果，忽视活动的能力素养价值。

第二节　"政治与法治"模块素养教学探索与实例
——以第四届广东省青赛一等奖"科学立法"为例

人民有信仰、国家有力量、民族有希望。人民的信仰来自于对国家政治制度、政治体制、政治理论、政治方针、国家机关的认同、拥护、追随，来自于制度自信、理论自信、道路自信、文化自信。"政治与法治"模块"政治"部分学习有"第一单元　中国共产党的领导"，包括"第一课　历史和人民的选择""第二课　中国共产党的先进性""第三课坚持和加强党的全面领导""综合探究　始终走在时代前列的中国共产党"；"第二单元　人民当家作主"，包括"第四课　人民民主专政的社会主义国家""第五课　我国的根本政治制度""第六课　我国的基本政治制度""综合探究　在党的领导下实现人民当家作主"等，与学生当下及未来的生活息息相关。政治方向、政治认同、政治参与等政治素养是公民基本素质，决定了一个人成长的高度、厚度、温度。个人的发展只有和国家的前途、民族的命运紧密联系起来，才能为社会做出更大的贡献。"法治"部分的学习主要围绕"全面依法治国"而开展，包括"第七课　治国理政的基本方式""第八课　法治中国建设（法治国家、法治政府、法治社会）""第九课　全面依法治国的基本要求（科学立法、严格执法、公正司法、全民守法）"、综合探究（坚持党的领导、人民当家作主、依法治国有机统一）。培养学生有序参与国家政治生活和社会公共生活的能力，奠定学生政治立场与法治思维的基础。素养时代的政治与法治教学应做到以下四点。

一、以鲜活的生活摆事实

理论如果脱离鲜活生活，就都是灰色的。学科核心素养教学要以生活为起点，带领学生接触真实的政治生活。我国社会主义建设所取得的伟大成就为教学提供了非常丰富、翔实生动的素材。教师可以和学生一起带着感情、任务、思考触摸政治生活，在生活中观察、在观察中思考，用生活实例明政治道理。走进了真实政治生活，学生就能真实感受到我国社会主义制度的优越性，社会主义民主是最广泛、最真实、最管用的民主，坚持中国共产党的领导，人民代表大会制度、中国共产党领导的多党合作和政治协商制度、民族区域自治制度、基层群众自治制度的必要性和重要性等，为自己有幸生活在伟大的社会主义中国而自豪。或许，学生有时会感受到生活中还有一些需要完善的地方，面对这些问题，我们应不回避，坦诚分析、建设性指导，坚持发展的观点、辩证的思维去全面看待，进而思考如何更好建设伟大的社会主义祖国。

荣获第四届广东省青年教师教学能力大赛一等奖的李鹃老师执教的第九课第一框"科学立法"（见附录三），以学生学农社会实践中所发现的部分农村孩子沉迷网络游戏这一真实素材为情境，引发学生思考"网络沉迷谁之过？怎么办？怎样立法？"等问题链；呈现《广东省预防未成年人犯罪条例》修订草案修改稿公开征求意见的信息，要求学生梳理公民反馈意见的途径；介绍基层立法联系点这一新型公民参与立法途径，模拟举办基层立法联系点意见征询会，组织学生对前述征求意见稿条款进行意见表达……主题化的情境依托系列化的问题、通过多样化的活动，实现结构化的学习，达成素养化的目标。可见，思想政治课教学要扎根鲜活的生活、回应真实的关切，让情境承载知识、问题驱动思考、活动达成目标。

二、以生动的形式讲道理

政治认同、科学精神、法治意识、公共参与等素养不仅仅是政治知识的认知，还是政治理解、参与、执行力的积淀，更是政治情感的认同、拥护、追随。反复灌输、不断刷题只能获得政治知识，不能培养政治参与能力，也不能培育政治认同和法治精神素养。

教学必须抛弃说教的模式，要做到因事而化、因时而进、因势而新，提升思想政治教育的亲和力和针对性，满足学生成长发展需求和期待；要基于学生的特性采取生动的形式、时代的语言、当代的技术，增强时代感和吸引力。参与式活动教学（参观、研学、社会调查、研究性学习）、游戏式活动教学、体验式活动教学（模拟人大、政协、联合国）、议题式辨析教学、项目式探究教学都是本模块常用的教学方式。

李老师执教的第九课第一框"科学立法"选取了鲜活、生动、恰当的素材作为情境，让人印象更深刻的是，本节课有效地联通了思政小课堂和社会大课堂、探索了信息技术与学科的深度融合，较好地体现了活动型课程特点，在教学设计、实施、评价中有效地贯彻了教学评一体化理念。呈现如下四个特点：第一，该课站位高、立意好、导向正。紧紧围绕立德树人根本任务，立足真实生活，注重社会实践，坚持素养导向，发挥了思想政治课政治引领、价值引领作用，培养了学生的政治认同、科学精神、法治意识、公共参与素养。第二，该课逻辑清晰有序，遵循了学生的认知规律和学习规律。该课针对学生在学农社会实践中发现的部分农村孩子沉迷网络问题，巧设"展"——网络乱象何时了、"辩"——网络沉迷谁之过、"议"——科学立法筑未来、"行"——良法善治乡村兴等环节，遵循"发现问题、追问原因、探究做法、参与践行"的行动逻辑。第三，该课设问适当有效，以多层性目标为导向、以系列化情境为载体、以结构化知识为骨架、以进阶性任务为驱动、以一体化教学评为手段，高效地引领学生学习。通过设置系列相关且进阶的问题链："未成年人的游戏充值、直播打赏，能否追回？怎样追回？如何避免此类事件再次发生？"（引出防治网络沉迷责任主体问题）、"网络沉迷谁之过？如何解？"（展示"监护人应负主要责任""网络平台应负主要责任"两种冲突观点，组织学生辩论，探究责任主体和解决之道）、"我国有立法权的国家机关有哪些"、"如何科学立法"等。这些问题链以真实的情境为素材，链接了教学内容，承载着知识学习、能力培养、情感触动、行动引领等素养目标，能有效地启发学生思考，实现教学目标。教学设计思路见图4-2。第四，该课活动多样有价值，紧紧服务于教学目标，培养有理想、有本领、有担当的时代新人。该课在课前开展了学农活动、社会调查活动，在课中开展了以案说法、辩论讨论、模拟基层立法联系点意见征询会活动及辨析、思辨、探讨、人机对话等思维活动，课后布置了社会调查、立法建言等活动任务，联通了思政小课堂和社会大课堂，引领学生真学、真懂、真信、真用。且每次活动都设置过程性评价，做到教学评的一体化，保证了活动开展的有效性、聚焦性。

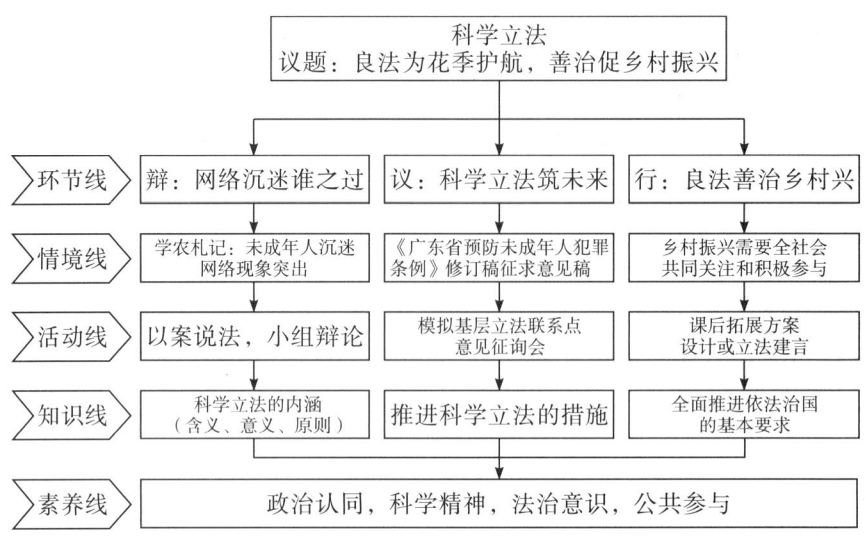

图4－2　"科学立法"的教学设计思路示意图

三、以建设的态度析争议

高中阶段学生由于世界观、价值观、人生观尚未完全成型，看问题、做事情较难做到全面、辩证、客观，难免会有所偏颇、有所主观、有所孤立。在政治生活学习中，对于学生心中存在的一些片面、错误的观点，我们不能简单粗暴地灌输和压制，而是必须讲道理、摆事实、做对比、细分析，进行建设性辨析，让学生真接受、真认同。

以下以"某市拆除违章户外广告，牌匾重现天际线"为例，探讨否定性辨析和建设性辨析的区别及后果（见表4－1）。

表4－1　否定性辨析与建设性辨析的区别

项目	否定性辨析	建设性辨析
从出发点上看（为什么要拆除？）	某些领导为了面子工程，为了政绩	政府是为了建设美丽城市，让人民生活环境更美好
从过程看（如何看待拆除过程中某些负面影响？）	现在基层单位工作人员都"简单粗暴"，这些户外广告都不应该拆	某些基层单位工作人员工作方式"简单粗暴"，缺乏和拆除单位的沟通

续上表

项目	否定性辨析	建设性辨析
从结论看	错误地认为该市这一行动是错误的	要坚持民主决策、依法行政，改进工作作风
对孩子的影响	影响学生对事件的全面正确的认识，不利于学生树立正确的政治观，可能导致学生将来在政治方向上走偏走错，影响孩子健康成长	有利于学生全面辩证地认识事物，培育政治认同、科学精神、法治意识、公共参与素养，确立正确的政治方向，更加积极地建设国家和社会，成为一个对国家对社会对人民有用的人

教师在教学中一定要有高度的政治自觉，引领学生用积极的态度辨析各种社会现象，帮助孩子扣好人生第一粒扣子，确立正确的政治方向和积极的价值取向。

四、以主体的角色去参与

国家由每一个公民构成，"你所站立的地方，就是你的中国；你怎么样，中国便怎么样；你是什么，中国便是什么；你有光明，中国便不会黑暗"。学生对自己在国家社会以及学习中的角色定位不同，目的就不同，态度也不同。学生如果是以"考生"的身份学习，那么其目的就是为了考试，关注点是成绩，成长的终点是考试成绩优异。学生如果是以个体身份学习，那么其目的只是为了保护自我权利，关注点将只是在自我，成长的终点是成为精致的利己主义者；学生如果以国家主人翁、社会建设者的身份进行学习，那么其目的是学会如何建设好国家、服务好社会，关注点就能跳出自我个体，能关注国家社会，成为国家所需要的能担当民族复兴大任的时代新人。学生不仅是国家将来的建设者，也是当前社会的构成者。因此，学生必须以国家主人翁的身份学好知识，履行义务，服务社会，建设国家，树家国情怀，立雄心壮志，习雄才伟略，把个人的成长和国家的发展紧密联系起来，同呼吸，共命运。

例如，在"科学立法"一课中，学生在课前学农活动中进行的社会调查活动、课中参与的模拟基层立法联系点意见征询活动、课外开展的"我为乡村振兴立法建言"活动等，都充分激发了学生的主体参与意识，都有利于培养学生主人翁精神、培养学生的责任担当意识、增强学生社会理解和参与能力。

五、以政治的担当去引领

当前，社会多元化思想不断影响人们的价值观，导致部分人价值观虚化、空化、歪化、西化。作为思想政治教师，我们必须保持高度清醒的认识，无论在哪个时期，无论多强调学生个性发展，都要牢记"为党育人，为国育才"初心和使命，让社会主义核心价值观的种子在学生们心中生根发芽。

2019年3月18日，习近平总书记在学校思想政治理论课教师座谈会上强调，办好思想政治理论课关键在教师，关键在发挥教师的积极性、主动性、创造性。思政课教师，要给学生心灵埋下真善美的种子，引导学生扣好人生第一粒扣子。第一，政治要强，让有信仰的人讲信仰，善于从政治上看问题，在大是大非面前保持政治清醒。第二，情怀要深，保持家国情怀，心里装着国家和民族，在党和人民的伟大实践中关注时代、关注社会、汲取养分、丰富思想。第三，思维要新，学会辩证唯物主义和历史唯物主义，创新课堂教学，给学生深刻的学习体验，引导学生树立正确的理想信念、学会正确的思维方法。第四，视野要广，有知识视野、国际视野、历史视野，通过生动、深入、具体的纵横比较，把一些道理讲明白、讲清楚。第五，自律要严，做到课上课下一致、网上网下一致，自觉弘扬主旋律，积极传递正能量。第六，人格要正，有人格，才有吸引力。亲其师，才能信其道。要有堂堂正正的人格，用高尚的人格感染学生、赢得学生，用真理的力量感召学生，以深厚的理论功底赢得学生，自觉做为学为人的表率，做让学生喜爱的人。①

---

① 习近平. 在这个根本问题上，必须旗帜鲜明、毫不含糊［N］. 人民日报，2019－03－18.

第三节　"哲学与文化"（哲学）模块素养教学探索与实例

——以第一届广东省青赛一等奖"用联系的观点看问题"为例

　　哲学作为一门爱智慧、寻思辨的学科，在启迪思维、点亮人生、指引方向等方面发挥重要作用。在素养时代，哲学模块如何上出生活味、智慧味、思辨味、价值味，如何培育学生的政治认同、科学精神、法治意识、公共参与等学科核心素养，是我们共同探讨的主题。下面我们以首届广东省青年教师教学能力大赛一等奖第一名获得者岳川老师的"用联系的观点看问题"（见附录四）为例，探寻哲学模块学科核心素养教学的路径和方法。

一、跨越时空、恢宏大气的谋篇布局

　　该课整体设计非常精妙，行文依据 4 个活动推进，达成素养培育目标（见图 4-3）。导入篇巧设小游戏活动"字里行间探哲学"，感悟"联系之美"，感知党的十九大热词；推进篇"捕光逐影话过往"，运用自我填词《江城子·回望》，回顾过去几年发生的大事创设情境，共赏改革开放新成就，实现政治认同；设计探究活动"寻找对中国经济发展做出卓越贡献的片区，并就其贡献选择三个拍摄角度"进行小组合作及展示，讲述哲学"整体与部分的辩证关系"；深入篇"合纵连横共明天"，结合党的十九大提出的"我国新时代社会主要矛盾"，设计探究"寻找互帮互助的合作伙伴（地区）为解决中国社会的主要矛盾发挥最大力量"进行小组合作探究并发言，讲述哲学"系统优化的方法"，在互帮互助共同富裕和解决中国社会主要矛盾的过程中，实现公共参与；升华篇"少年不负家国梦"，引导学生感受自身作为一个整体系统所蕴含的巨大能量，将宏大的时代语境拉回到每个具体的个体身上，将一个伟大的时代和一个生机勃勃的个体紧密结合起来，把个体和星辰大海联系起来，把自我和国家命运前途联系起来，实现由政治认同、科学精神的认知层面到社会参与行动层面的转换，实现知、情、意、行的真正统一。学生在理性思考我国当前主要矛盾的过程中、在统筹区域发展的参与中、在个人与社会的统一中、达成了政治认同、培育了科学精神、实现了公共参与。

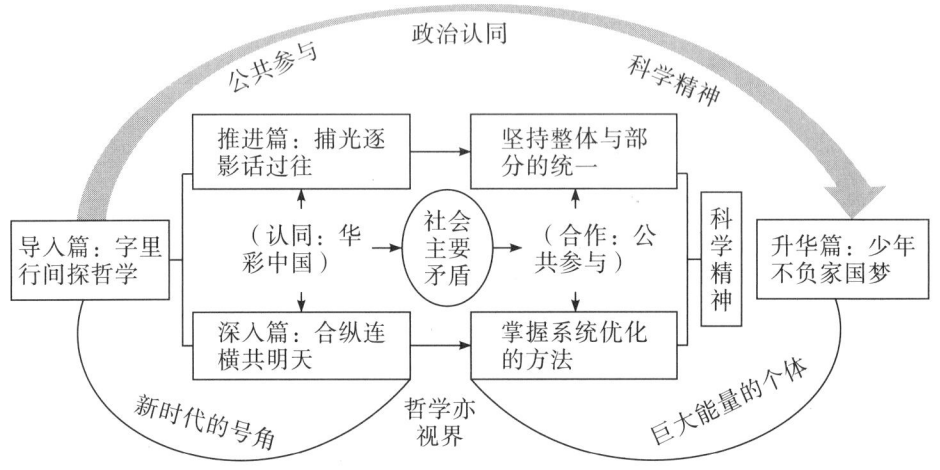

图4-3　"用联系的观点看问题"的教学设计思路示意图

二、遵循情境、探究、思考、分享的活动探究路径

该课例共设计4个活动，每一个活动的布局中，都有一个完整的活动探究路径，即生活情境、主题探究、个体思考、小组分享。生活情境设计新颖、贴近生活，学生乐于参与；主题探究设计精巧，指引清晰，学生探究投入；个体思考科学到位，学生积极思考，参与活跃；小组分享由于学生乐于参与、投入探究、积极分享，所以学生学习效果极佳。该课例在活动探究中让学生素养得到切实培养。以下以导入环节为例。

【情境创设】在哲学家眼里，再小的东西也不会显得微不足道，其背后一定都暗藏着某些玄机。

【活动探究】小游戏"字里行间探哲学"。

学生通过合作探究，观察视频里文字间的隐藏信息，找出藏在字里的"两层玄机"。

【探究总结】第一层玄机：这些看似毫不相干的汉字，只要你找对它们之间的关联，它们就会迅速组合成一个有着特殊内涵的整体，而这种去发现事物之间关联的思维方法，就叫作"用联系的观点看问题"，也就是今天将要深入学习的内容。第二层玄机：这些成语是不是似曾相识？它们都是这一个月来中国媒体上的高频词汇，全部摘录自党的十九大报告。对今天的中国而言，它们并不只是简单的几个成语，它们是一段音符，吟唱的是昨天的流金岁月；它们更是一段旋律，奏响的是明天的盛世凯歌。

三、情境选取真实，活动选择精巧，设问设计精致，语言表达精准，课件制作精美

该课例的导入情境借鉴《中国诗词大会》，创设"见字识成语"游戏活动，调动了学生参与的热情，让学生既感受到中国诗词之美，又重温了党的十九大的热词；既有让人感受到中华优秀传统文化诗词韵律的语言美，更有结合时代发展满足学生课堂期待所需的行为美。教师在课堂上给学生描绘的是一幅"美景、前景、愿景"的壮丽篇章。

该课例的主体情境结合现阶段我国社会主要矛盾已经转化为人民日益增长的美好生活需要和不平衡不充分的发展之间的矛盾，引导学生联系过往今来，启发学生面向新时代用联系的观点看问题，统筹区域发展促进共同发展，实现整体发展。

该课例结束情境引入当时最火的"星辰大海"一词，设问："我们要怎样才能不辜负这如星辰大海一般的生命？"引入 100 年前爱因斯坦的回答："每个人只有投身于自己的时代，才能找出那短暂而有风险的生命的意义。"达到全课情感的升华。

总之，素养时代的哲学教学，需要根植学生的真实生活，把学生个人的成长和时代发展联系起来，通过巧设学生喜欢参与的活动探究，在活动中参与、探究、感悟、思考、分享、成长。

第四节 "哲学与文化"（文化）模块素养教学探索与实例
——以第四届广东省青赛课例为例

文化怎么教？怎样才能教好？教什么才好？自 2004 年开设"文化生活"必修模块以来，这些问题一直困扰一线教师。很多教师认为"文化生活"没

有什么内容可学，大多只是对国家有关文化的观点、态度、政策的认知。学生学完了该模块，除了恍惚记得支离破碎的若干对待古今中外文化的态度、政策、观点、做法，收获不多。素养时代的文化生活教学，可以从以下若干方面进行探索。

一、扎根真实文化生活，创新教学形式方法

真实文化生活永远是教学的源泉。吃穿住行皆文化，喜怒哀乐均学问。唯有扎根人们喜闻乐见的文化生活，才能让文化喜闻乐见，发挥以文化人、文化润人的作用。我们可以从人工智能谈科技对经济的重大影响，从校园文化、班级文化建设谈文化对人的影响，从中国建筑、书画、诗词感受中华优秀传统文化之美，从小提琴协奏曲《梁祝》的成功思考文化创新途径，从央视《非遗里的中国》《经典咏流传》《国家宝藏》《诗画中国》等节目感悟中华优秀传统文化。

创新形式方法永远是教学的利器。参与式、体验式、活动式、竞赛式、游戏式、展示式等各种教学方法尊重了学生的主体地位，调动了学生的积极性和主动性，让学习从被动接受式转为主动参与式，极大地提升了教学效果。教学活动形式可以借鉴中央电视台《中国诗词大会》节目的竞赛方式来领悟中华优秀传统文化之美；借鉴《朗诵者》节目来共读一篇好文；借鉴《感动中国》的电视形式来寻找班级、学校的好人好事，撰写推荐词，进行思想道德建设和文化建设……我们可以进博物馆参观、去文化馆学习、到图书馆体验，把课堂从教室拓展到社会，把生活从社会移景到课堂。

2023年第四届省青赛现场授课环节，来自东莞的周明城老师执教的"弘扬中华优秀传统文化与民族精神"以"中华龙舟赛为何破圈吸粉"素材作为情境，巧设"一水同舟叙乡亲，非遗传承今有我""古人今人共此心，民族精神世代传""文化精神恒久远，轻舟今连万国谊"3个环节，分别对应"实现中华优秀传统文化创造性转化、创新性发展""弘扬中华民族精神""本课情感升华"3个主题。情境承载学习，学习扎根情境，有境有理，情境交融。在导入部分，周老师以唐代李贞的《峡山观竞渡》古诗导入，引领学生感中华优秀传统文化中诗词之美、悟中华龙舟赛奋发之美，巧而无痕；在结尾部分，请学生以"全球发展，青年力量"为题，围绕本课学习内

容，撰写发言提纲并分享，做到学以致用，实现情感升华，强化责任担当。本课在学生分享环节，邀请学生站在讲台中央，锻炼了学生勇气，更高效地助推学生主动学习、深度学习、高效学习，培养了学生素养，充分体现了学生主体地位，凸显了学生中心的教学理念。本课在信息技术与学科融合方面有所创新，AI 人工智能数字人物构建，创设了仿真情境，增加了学习体验感。

　　来自惠州大亚湾区外语实验学校的丁一航老师执教的"弘扬中华优秀传统文化与民族精神"以"2023 年杭州亚运会志愿者的服饰、运动员和志愿者精神"素材作为情境，巧设"欣赏青荷之美，弘扬中华优秀传统文化""解读青年之志，感悟中华民族精神""接续青荷之责，弘扬中华民族精神"3 个环节，每个环节包括"创设情境、探究问题、开展活动、达成素养"4 个要素。具体教学结构见图 4 - 4。导入环节通过举例国潮复兴优秀作品，激发学生思考，以亚运会服饰为媒，创设教学情境，导入新课。结尾情感升华环节则以寄语的形式引起情感共鸣。活动环节安排了"分享身边国潮文化复

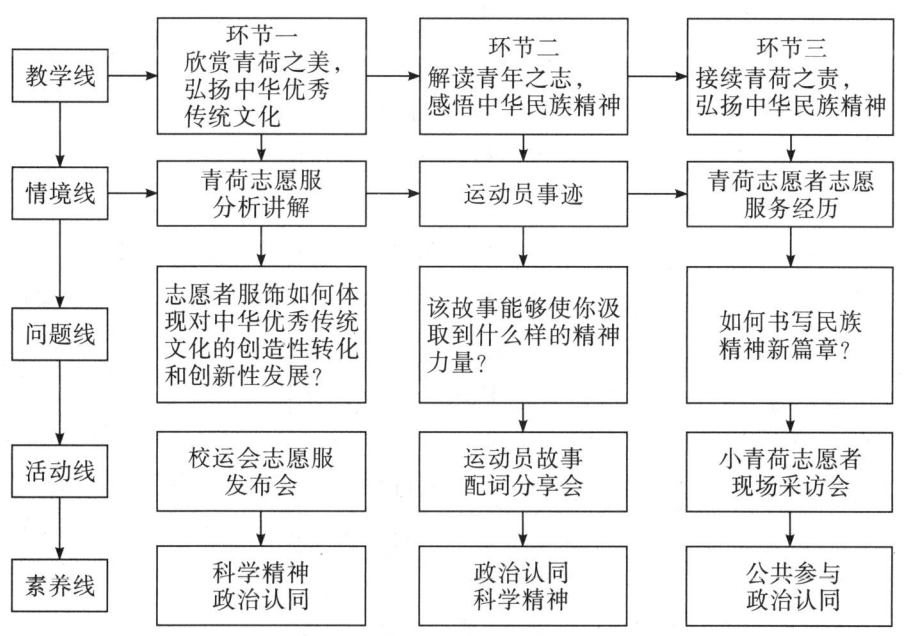

图 4 - 4　"弘扬中华优秀传统文化与民族精神"学习活动设计①

————————

①　摘编自丁一航老师"弘扬中华优秀传统文化与民族精神"教学设计。

兴优秀作品""组织校运会志愿服发布会""展示优秀服装作品——亚运会小青荷志愿服的设计理念""故事分享会，对运动员故事进行配词解说""学生与亚运志愿者进行连线访谈会""为校运会写出志愿服务标语"等6个活动，活动形式丰富，既有分享优秀作品，也有设计发布，还有展示理念，更有配词解说、连线访谈、写服务标语等。

2016年广东省优质课大赛现场授课特等奖获得者姚金亮老师执教的"博大精深的中华文化"，以传统礼仪"拱手礼"导入，整课共设"有知识—善表达—懂欣赏—会思考"4个环节。在"有知识"环节，通过中华文化知识抢答引导学生感知中华文化的独树一帜、博大精深，树立文化自信；在"善表达"环节，以小组推荐"东西南北4个区域"发言人的角色游戏，体味中华文化"一方水土一方人"的区域特色；在"懂欣赏"环节，设置"民族舞蹈欣赏"，引领学生共同欣赏丰富多彩的民族文化，进一步理解中华文化是中华各民族的文化，是由56个民族共同创造的，达成政治认同；在"会思考"环节，师生共探中华民族的理想人格，追寻文化背后的故事，激励学生做有理想、有本领、有担当的时代新人。最后，师生以拱手礼告别。中华文化传承者素质培养为整节课的背景线索，贯穿于整个课堂教学。通过"情境创设、问题设置、教师点拨、能力提升、课堂总结"的方式引导学生在进行中华文化传承者素质培养的同时感受博大精深的中华文化，学生学习顺畅自然，素养培育潜移默化。通过采用情境创设法、问题教学法、合作探究与成果展示法等教学方法，落实了新课程理念，培育学科的核心素养。让学习在活动中流淌生成，素养在参与中培养。

二、丰富中外文化内涵，提高自身文化底蕴

教师需要坚定传递教材提供的文化基本观点。然而，如果我们只是传递教材观点，难免让生动的文化变成枯燥的观点。在文化部分的教学中，教师应该主动地丰富中外文化内涵，让知识有文化，让观点有思想，让课堂有学术，让教学有人文，让碎片有系统。例如，讲传统建筑的时候，我们不只是告诉学生观点，而是应该告诉其内涵、外延。中国古代建筑类型很多，诸如宫殿、坛庙、寺观、佛塔、民居和园林建筑等，它们各自的特点如何，该如何欣赏，其建造的意义和价值是什么，对比西方建筑有什么异同……如此教

学，让知识孕育文化，让文化富有生命，一定能走心入脑，立德树人。

不断加强教师自身文化修习，夯实自我文化内功，是上好"文化"课的前提。教师应该是文化的有心人，文化的发现者、寻觅者、解读者、传播者、引领者、传承者。为此，教师需要不断阅读、不断学习，不断思考诸如饮食文化、建筑文化、戏剧文化、服饰文化、礼仪文化、茶文化、习俗文化、书画文化、诗词文化、汉字文化、电影文化、社交文化、民族文化等的内容。教师如果没有深厚的文化底蕴，是很难把"文化"课上活、上好的。

三、提升教学文化品质，培育学科核心素养

教师的文化生活教学如果定位于应试，那么，教学就只会有知识，培养的一定是有知识没文化的人。素养时代，文化生活的教学必须提升教学的文化品质，培育学科核心素养，做到有骨架有血肉、有观点有素材、有知识有文化、有知识体系有文化内涵、有观点有思想、有态度有做法。

总之，文化生活的教学要扎根真实文化生活，创新教学方式，丰富文化内涵，提高文化底蕴，提升教学品位，培育学科素养，坚持文化自信和文化自觉，师生共同做中华优秀传统文化的忠实传承者和弘扬者、社会主义先进文化的建设者和传播者。

第五章
开拓学科核心素养教学新视野

新时代需要有新视野。本章介绍当前世界发达国家学科核心素养教学方法与实例，包括面向 21 世纪能力的美国社会科教学、美国社会科教学实例分析及启示、美国社会科课堂教学的微观视角、世界主要国家的中学思想政治教学等以供大家辩证借鉴。本章是基于国际视野的学科核心素养教学瞭望。

第一节　面向 21 世纪技能的美国社会科教学

美国同样有思想政治课，只是它的名字叫"社会科"，它通过历史、经济、社会、法律等多个科目，从不同角度阐释美国的建国精神和立国理论。美国高中阶段政治教育更具系统性，每个高中生都必须修一门名为"美国政府"的课程，系统掌握美国"三权分立"的政治原则、两党制的政党制度等。课程通过讲述美国政治制度，向学生灌输美式民主的优越性，并引导学生为此产生自豪感。美国高中经济学课程主要讲述自由竞争的市场经济理论，让学生从社会经济的运作角度坚定对美国社会制度的信仰。

美国联邦教育部在 2007 年制定了《21 世纪技能框架》，提出 21 世纪美国教育应培养三大核心素养和技能（如图 5-1，俗称"彩虹图"），即学习与创新技能、

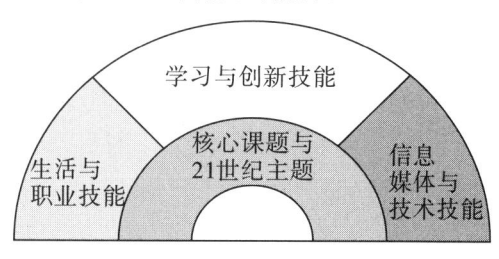

图 5-1　"彩虹图"

信息媒体与技术职能、生活与职业技能。其中，学习与创新技能处于21世纪技能的金字塔顶端，包含了批判性思维和问题解决能力（critical-thinking and problem-solving）、创造性和创新能力（creativity and innovation）、交流能力（communication）和合作能力（collaboration）。这些能力俗称"4C"，被视为美国教育革新的核心任务。

一、培养学生21世纪技能的四大教学原则

为了培养学生21世纪技能，美国提出了核心学科教学需遵循四大准则：一是让学生参与知识获取的过程，教学应促使学生通过思考，主动建构自己的知识体系；二是增加学科知识的深度，令学生深刻理解所学知识；三是注重知识的实际运用，教学应培养学生的迁移能力，使知识与学生个人的真实世界有所关联，从而加深对学科的理解；四是融入跨学科问题，要将跨学科的主题（全球意识，财政、经济、商业和企业能力，公民素养，健康素养，环境素养等）贯穿于核心课程之中。简单概括为"主动建构、深度学习、实际运用、跨学科主题学习"。

二、培养学生4C能力的3PBL教学法

培养学生21世纪技能和学生4C才能，需要通过各种调查活动、问题解决活动、项目学习等来锻炼学生批判性思维和问题解决能力；实施高难度的项目学习是培养创新能力的有效手段之一；获得交流与合作能力的最佳途径是社交学习。当前，美国盛行的3PBL教学法正是有效培育学生4C能力的一种有效教学法。

3PBL教学法即基于问题的学习（problem-based learning）、基于项目的学习（project-based learning）、基于表现的学习（performance-based learning）。3PBL教学法共同特征是教学不再以获取知识信息为唯一宗旨，强调以学生为中心的学习与探索过程，通过参与实践或"类实践"解决真实问题，实现知识掌握与批判性思考、问题解决、创造和创新等技能发展整合性目标。这种教学范式目标直观清晰、设计要领明确，操作性强，真正落实了学生的自主、合作、探究学习，培养了学生的实践和创造能力。

（一）问题学习法

这是一种以设定问题解决来促进学生学习的教学方法。教师在学习新知识前，围绕新知识设定一系列问题，要求学生解决。在解决问题的过程中，学生要区分问题的性质和特征，根据已具备的知识探索新知识，通过制订自我导向学习计划、构建知识内容、增强推理能力、增加学习动力来提高解决问题的能力。

在问题学习法的教学中，教师的角色是学习组织者、知识与信息传播者、反馈评价者、学习者、调解人或顾问。学生不是知识的被动接受者，而是主动学习探究建构者，在解决问题中，通过团队合作，主动探寻知识，强化能力发展。

例如，2017年12月22日，美国总统签署了自1986年以来美国最大规模的减税法案，法案于2018年1月开始实施。可提出的问题有：美国政府为什么要制定减税法案？减税法案的具体内容有哪些？哪些人将从这里受益？减税对美国经济、政治有何影响？如何弥补减税导致的财政赤字问题？等等。设置一系列问题，促使学生不断学习、探究，主动建构知识。

（二）项目学习法

项目学习法是以项目为中心的教学方法，学生通过项目，以问题为纽带探寻课程核心概念和原理。通过学习，学生把项目活动与需要掌握的知识联系起来，在完成项目中掌握知识，培养能力。

项目学习法需要通过学生建设性的调查来完成。调查是一个以知识建构和问题解决为目标导向的过程，是设计、决策、发现和解决问题或构建模型的过程。调查活动必须有利于学生构建课程新知识和掌握新技能。在学生调查的基础上，学生针对调查情况，分析原因、影响，提出解决措施和建议，然后递交有关部门，督促项目完成。

例如，面对校园欺凌现象，可指导学生围绕"如何预防和制止校园欺凌"进行项目学习。指引学生调查当前校园欺凌的现状，分析发生欺凌的原因、施暴者实施欺凌的原因、受欺凌者的特征，提出解决校园欺凌的建议并递交有关部门，督促解决校园欺凌问题。

（三）表现学习法

表现学习法既是一种学习方法，又是一种考核方法，它将教学与评价融于一体以促进学生学习。它不要求学生回答是否知道某一知识，而是考核学生如何运用知识。通过考查学生解决问题、展示知识与技能的表现来评估学生成绩，有利于教师因材施教。

在学生完成任务的过程中，教师通过观察、与学生交流，引导学生学习，将完成任务中的表现纳入课程考核，发掘学生思维和推理能力，并根据学生表现来调整教学活动，从而促进学生长期的学习，培养学生思维能力和个人的责任感，提高学生学习知识和掌握技能的能力；帮助学生评估自己的学习，推动学生从评估过程中学习和发展自我评价技能，有利于促进学生持久性学习、提高学生思维能力、培养学生合作能力、增强学生学习绩效。

三、美国社会科课堂教学常用方法

社会议题、小组合作、探究、讨论、分享、评价是美国社会科课堂教学必备要素。在进行课堂教学时常采用问题导向教学法、反思探究教学法、讨论教学法、角色扮演法、价值澄清法、公民参与教学法、结合社区资源教学法等。

（一）问题导向教学法

问题导向教学是指教师以社会议题或对学生有直接意义的问题来组织教学。它通过模拟真实情境来学习成人角色，是连接校内学习活动与校外现实活动的纽带。

在教学中，教师根据生活情境，提出现实问题，引导学生通过分析与界定问题、收集和分析资料、小组或学生之间对话来寻求解决之道。例如，在学习"如何解决分配正义的问题"时，要求学生对各种议题加以评估，确立观点立场，并为自己辩护，在面临互相对立的意见和观点时，学会以建设性的方式加以处理。

问题导向教学选取真实生活议题，议题的复杂性、现实性有利于学生提升分析问题、解决问题的技能。它以学习者为中心，有利于学生成为一个能

自我管理的学习者，在教学过程中获得独立思考及社会反思能力。

（二）反思探究教学法

反思探究教学法是现行美国公民教育颇为流行的一种方法，来源于杜威的社会教育理论。杜威认为学校道德教育要按照社会的实际生活进行，主张运用探究、商量和讨论的方式，反对与社会脱离、知行脱节的道德教育。

反思探究常以问题导向开展教学，通过反思、探究社会问题，来帮助学生树立正确的价值取向，尝试解决社会问题。例如，反思探究美国政府的反经济全球化政策、美国的外交政策等。

反思探究强调学生对教学过程的参与，通过学生的反思探究来分析社会问题，锻炼学生的价值分析和决策技能，有利于培养学生的合作精神、民主精神，激发内在的动因，培养公民的主动性。

（三）讨论教学法

讨论是美国中小学公民教育常用的一种方法。讨论法是师生平等地共同讨论一个问题，得出结论，使学生分清是非、提高认识水平的一种方法。

讨论教学可以提升学生的思考能力，帮助学生了解课程的内容，强化并扩展现有的知识；促进学生对教学的参与，提供学生发表观点的机会；帮助学生学习沟通技能，学会倾听他人想法，并做适当的反应等。

讨论分为两种基本的模式。一种模式是小组讨论。首先，学生分组并进行内部讨论；然后，小组间进行讨论；最后，各小组陈述立场。讨论时每个小组都要尽量准确地复述对方观点，并列举双方立场不一致的地方，分别陈述各自解决双方分歧的方法。另一种模式是"研讨会"。在讨论过程中，学生既可当发言人，又可以当听众，互问互答。

（四）角色扮演法

角色扮演过程中，教师提出一个主题，要求学生从不同侧面考虑，形成自己的观点，接着师生共同设置情境，并进行全班角色分配，学生在了解、适应角色后进行表演，最后汇报。汇报的形式有两种，一是口头汇报，二是书面汇报。在角色扮演的教学中，关键环节就是汇报，教师应鼓励学生讨论、推理和总结。

例如，在学习"如何在无法兼顾的责任之间做选择？"一课时，某班举行模拟立法听证会。主要内容是某区议会提出成立青少年社区矫正中心，但居民因为担心此举会导引自家附近青少年犯罪率增加，所以都不赞同让它设置在自家附近，于是有一位议员倡导召开一个公听会。在模拟公听会召开之前，教师将学生分成"议员""社会服务处""地区敦亲睦邻组织""青少年正义联盟""地区工商团体"五组。在公听会召开之前，各组学生要完成"如何在无法兼顾的责任之间做选择"的思考，并选派一人做代表，以角色扮演方式在会议中提出报告，经过充分讨论，再决定是否赞同议会所提计划。

（五）价值澄清法

价值澄清学派认为，教师不能把价值观直接教给学生，而只能通过分析评价等方法，帮助学生形成适合本人的价值观体系。在运作过程中，价值澄清法强调 4 个关键因素：一是要以生活为中心，主要解决生活中的问题；二是要接受现实，即原原本本地接受他人，不必对他人的言行进行评价；三是要求进一步思考、反省，并做出多种选择；四是培养个人深思熟虑地进行自我指导的能力。除了要考虑这 4 个因素，还要按选择、珍视、行动 3 个阶段，7 个步骤（即自由选择、从多种可能中选择、对结果深思熟虑的选择、珍惜爱护自己的选择、确认自己的选择、依据选择行动、反复地行动）来进行操作。

（六）公民参与教学法

美国在公民教育中，为了让学生成为负责任的主动公民，提供以下三种参与技巧。一是成立互动小组，如成立委员会或联盟、参加组织与社团、为学校或社区服务等方式。二是进行监督，如追踪媒体报道、研究公共议题、搜集分析资讯、参加公众会议、参与听证会、进行访谈、网络参与等。三是实施影响，通过投票、游说、请愿、发表言论、参与公民团体、运用网络等方式来影响公共决策。

（七）结合社区资源教学法

在美国公民教育中，学校经常会邀请警察、律师、法官、政府官员、大学教授等社区居民协助教学。他们的主要作用是分享生活经验，使课程更加生动有趣；协助课堂活动，如开展角色扮演、模拟法庭、模拟立法公听会与辩论；在学生参观法院和立法机构等场所时，负责担任向导及回答问题，丰富学生的现场经验；与某班级学生建立长久关系，学生在课堂上遇到问题或疑惑时，可以经常通过电话请教。

四、美国公民教育的主要活动

美国学校的公民教育并不局限于课堂，而是延伸到课堂以外的校园、社会和社区，让学生在校园环境和社会环境中通过广泛地参与而受到教育。

(一) 校园活动

包括内容广泛的学术活动、丰富多彩的文体活动、形式各异的社团活动等，活动既活跃了学校的氛围，又提升了学生的创新意识与组织、行为能力。各种升旗仪式、节日庆典、集会活动可以培养学生的爱国、爱校精神和民族荣誉感。学生委员会等组织的活动为每个学生提供选举代表和参与学校、班级决策的机会，使学生能够积极地参与学校班级社团的管理，有机会就学校、班级、社团面临的实际问题发表见解，参与处理解决过程，提高了学生的自治能力和参与能力。

(二) 服务学习

社区已成为美国学生了解、接触社会的良好平台，在社区中重视价值信念的实践与技能的培养，是当代美国公民教育的一个突出特点。服务学习是指让学生走向社会，进行多种形式的义务劳动，在服务中学习，在学习中服务，有利于培养学生的社区主人翁意识和自豪感，加深其对课堂知识的理解。服务学习理论来源于社会行动模式理论，该理论认为道德教育重在培养学生的社会行动能力。开展服务学习、社会服务活动是培养学生公民意识的重要途径。

(三) 社会活动

学校会利用"马丁·路德·金日""华盛顿诞辰日""林肯诞辰日""阵

亡将士纪念日"等各种公共纪念日，组织学生开展参观、座谈、演讲等丰富多彩的活动，加深学生对所学政治知识的理解。很多中学生会利用课余时间参加社会实践，如参与帮助政治人物筹款、参与非政府组织的维权行动、在政治集会上做义工等具有政治色彩的活动。

第二节　美国社会科教学实例分析及启示

美国国家社会科协会 1994 年推出的《美国国家社会科课程标准：卓越的期望》是美国课程史上第一个全国性社会科课程标准，不仅对美国各州影响很大，而且对世界上许多国家和地区的社会科教育产生较大影响。该课程标准阐述了社会科的定义、主题、标准与能力表现期望，还列举了标准的实际运用案例，有利于指导教师教学。以下选取该书若干个经济、政治、法律、文化的教学案例[①]，从中探讨美国社会科教学的共性。

一、经济

（一）在探究 1973 年能源危机中学习"价格与供求关系"

在"价格与供求关系"的学习中，教师利用案例教学法，从日常生活和时事中选取丰富的例子来说明一般供应、需求和价格曲线的功能，以及它们之间的关系。

学生探究：学生运用所学知识分析研究 1973 年的能源危机，必须考虑突然能源缩减供应和价格急剧上涨带来的后果，以便更好地理解两者相互依赖的关系。学生要求收集大量的资料并将它们联系起来。这些资料包括：显示资源及美国使用各种能源的最终结果的流程图；显示全世界已探明的油田的位置图；表明 1972—1975 年石油、汽油以及民用燃油价格的各种表格；

---

　① 案例均摘自：美国国家社会科协会. 美国国家社会科课程标准：卓越的期待 [M]. 高峡，杨莉娟，宋时春，译. 北京：教育科学出版社，2008.

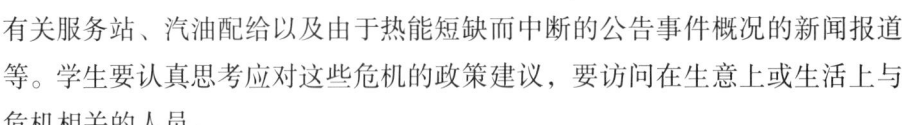

有关服务站、汽油配给以及由于热能短缺而中断的公告事件概况的新闻报道等。学生要认真思考应对这些危机的政策建议，要访问在生意上或生活上与危机相关的人员。

学生分享：学生基于各种方式收集到的数据，探究应对能源危机的可选择措施，提出自己对此的立场。

学生作业：每个学生都要采取一种政策立场来应对能源危机，并写一篇文章，清晰表明自己的立场。

教师评价标准：论据的逻辑性、用于支持立场的数据，以及这种立场可能对问题产生的影响等。

启示：利用案例教学掌握"供求、价格之间的关系"，然后运用这一知识分析 1973 年能源危机，基于真实生活、回归真实生活。在分析 1973 年能源危机的时候，学生综合考虑各种因素，访问相关人士，提出应对危机的政策建议，真正做到活学活用。同时，案例教学通过探究、分享、撰写分析文章等途径提升学生分析问题、解决问题的能力，真正培养学生的科学精神、公共参与等能力。教师的评价不只是简单的对错、分数，而是依据多个标准，使评价更能发挥促进和引领作用。

（二）成立探究真相小组，学习政府及经济知识

每逢"选举年"，玛利亚老师都以对当时竞选情况的分析来指导学生学习有关政府的课程。学生们通过组织四五人为一组的"探明真相小组"来探究和分析每个候选人的立场，并与其他同学分享他们的发现和结论。

相当多的州和国家的竞选主题都涉及失业、税收、贸易、资源开发等。有关这些竞选的学习可以使学生复习并运用以往学过的关键概念（如调节、诱因、资源和税收），并集中探讨价值观和信仰在经济决策中的作用。

教师和学生一起回顾学到的核心经济概念。学生在运用这些概念分析竞选议题之前，首先要厘清在每天的报纸和新闻周刊中每个概念的不同含义。

每周课上的大部分时间都用在由"探明真相小组"所做的调查和分析上。每个小组定期向全班同学汇报他们的发现及分析。每个人都坚持写日记，记录和解释小组的发现及分析。

教师通过检查日记来了解学生所探究的竞选议题以及运用核心经济概念对问题分析的质量。

　　启示：教师成立"探究真相"小组激发学生学习的好奇心；选用竞选主题，抓住了学生和社会的关注点，让学生想学、爱学、乐学。竞选中涉及的各种经济知识概念原理驱动学生基于任务而学习、基于项目而学习，让学习因为贴近生活而生动，让学生因为切合需求而主动。师生共同复习核心经济概念，又能让学生更准确地把握核心知识、理解其他知识。基于探究某一竞选主题而进行的学习，是一种混合学习、现象学习、动态学习、过程学习。而小组的汇报与学生坚持写日记，有利于激发学生持续学习的热情，见证学生成长的足迹。评价重过程分析、重成长历程、重分析质量，有利于真正促进学生素养的培育。

（三）经济全球化

　　教学目标：希望学生能够认识到美国经济与其他国家经济之间的相互依赖性。

　　教学过程：首先，教师向学生分享一首讲"一位妇女在美国的商店里买了一件衬衫后，走遍全世界，寻找它是哪里的工人，使用了哪些农作物和资源生产"的歌曲，以激发学生探究兴趣。然后，教师要求学生检查他们的外套和鞋子，看看是哪国生产的。最后，在挂图上做标记来呈现搜集的数据，给学生提供主观的展示，让学生据此分析在衬衫产业方面主导的贸易模式。

　　学生作业：研究并编制一个包括美国在内的、有关各个资源国的工资信息数据库；利用这个数据库，对世界上各个地区的工资以及生活成本进行对比，从而解答歌曲中提出的问题。

　　教师评价：依据学生作品的精确性、相关性、数据流畅性，以及利用数据形成探究问题的能力进行评价。

　　启示：用学生感兴趣的主题音乐导入，引导学生探究生产全球化、贸易全球化。通过研究和编制全球工资信息库，了解经济全球化的原因、意义。教师评价的依据是学生的资料收集、分析能力。

二、政治

（一）区域安全

　　教师问题：如何才能最大限度地维持欧洲的和平与安全？

学生对有关问题进行讨论：当前，什么样的紧张局势会威胁欧盟？在一体化的欧洲，哪些国家利益应该受到保护？欧洲国家应如何应对诸如核武器扩散、国际恐怖主义、难民的问题？

教师要求学生从中选出一个他们所认为的关键的、乐意努力解决的问题。教师给学生充分的自主选择权，以展示他们对相关思想、问题的理解，及解决问题的策略。

学生以个人或小组为单位写论文，进行讨论或辩论，布置海报展览，交流他们分析的结论。

教师根据学生研究的详尽程度、对关键问题的分析以及作业的质量，对他们进行评价。

启示：教学走进现实生活、分析热点问题、反思社会议题，较好地培养学生的思维能力。

（二）权利与义务

基于生活情境的议题提出：南希抱怨广播节目中有些语言和歌曲对女性不够尊重，应该通过法律去禁止这种行为。玛丽亚认为通过立法限制某些领域的表达方式是困难的。乔则认为这与表达自由无关，这是关系到社会道德滑坡，以及如何维护道德标准的问题。

议题确定：教师听到这些议论后，提出了一个研究问题，即限制表达的自由适宜于民主国家吗？

知识储备：在此之前，学生已经学习了美国州的权利与个人权利之间的关系。在原先学习的基础上，学生要选择不同类型的司法个案研究，探索对该问题的不同反映。他们还回顾了一些历史上最高法院的裁决和先例。

小组合作探究：学生以小组的方式完成报告。在教师的指导下对观点进行了提炼，主要突出解决这个问题的可能办法，并从提出的办法中推断出可能产生的行为。

班级论坛观点交流：为了明确三种明显不同的立场，他们在班级举行了一次论坛，对正方的和反方的每一种观点进行了分析，并讨论每一种观点可能产生的结论。

社区组织公共论坛：为了让答案更清晰，学生准备了视听材料以解释他们想法中的主要观点，支持研究成果中的主要观点。

教师评价：要求每一个学生制作一幅漫画，从正反两个方面来阐明他们自己对限制表达自由的立场和结论。

启示：本实例教学是一种典型的议题中心教学法。基于生活情境，师生共同确定议题。在知识储备的基础上进行小组合作探究，通过班级论坛，交流辨析正反观点，让每个人的认识更加丰富全面，从而避免认识的片面性和盲目性。美国社会科教学很重视培养学生独立思考问题的能力、价值判断力，以及为支持自己观点的分析辩论能力。

（三）国际政治

教师运用各种第一手、第二手资料来呈现当前的问题，其中一个环节就是要求学生研究当前国会记录中的一些重大问题，从中了解对某一个国际性的问题，美国各党派与其他国家各党派采取的不同立场。例如，美国利用武力去获得食物和供给，而某些组织反对用武力解决这一问题。

教师把学生分组，每个小组分别代表各国不同观点流派。每个小组要整理出大多数人对这个问题的关注要点。之后，各小组还要就他们所关心的问题提出最有可能的解决办法，并预测实际结果，说明他们预测结果的理由。作为后续工作，学生要跟踪那些导致实际结果的事件并将他们的预测与现实进行比较。

评价的标准包括：提出和预测的结论及原理是否合理；整个研究或论述是否恰当和有效；对国际冲突根源和存在问题的理解；解决方案的效度和信度。

启示：教师的问题呈现基于时政、基于生活、基于真实，以此调动学生学习的积极性，让学生体会学习的价值和乐趣。而小组合作、角色扮演是常用的教学法，讨论、探究、提出解决办法、充分论证、交流、分享是美国课堂教学必备要素。评价的内容既有结论，又有过程、方法等。

三、法律

实例：模拟法庭，关于 DNA 是否可作证据。

教师在教授"社会中的法律"时，是以一个新的模拟审讯开始的。模拟案例如下：高中游泳队汤姆队长约会期间，在酒后强奸了琼斯。在医院，医生给琼斯做了 DNA 采样。学生研究该案例中的法律问题。他们找出哪些州允许在法庭上用 DNA 检测结果作证、哪些州不允许用。他们发现尽管目前最高法院还没有相关的法律，但他们所在的州曾有允许在强奸案中使用 DNA 证据的先例。对具体情形做了研究之后，学生认为，应该认同那些令人信服的科学证据和测试结果。这一看法不仅影响到模拟审批的结果，也激发了学生对在州法庭系统中支持运用 DNA 结果的兴趣。他们偶遇了州代表，起草了法律草案，拟订了一个游说议员支持的方案，并在立法听证会上对其益处进行了论证。在这个单元的学习过程中，学生一直记笔记。

作为活动的高潮，每个学生都要递交一篇论文，对自己参与活动的过程以及这一过程与政策制定的关系做出评价。

教师根据如下因素对论文进行评价：策略表达的清晰度；策略的有效度。此外，教师对每个学生提出的法律草案以及游说方案进行评价。阅读每个学生的文章并提出建议，对他们完成任务情况进行了打分。

启示：选用的案例是贴近学生生活的真实案例，虽然是模拟的形式，但所有的程序都是真实的法定程序。起草法律草案、游说议员等真实的政治参与，让学生真真切切体会到法律就在身边，自己的每一次参与都可能会让这个世界发生改变，有助于激发学生参与政治的热情，培养学生参与政治的能力。以"对自己参与活动的过程以及这一过程与政策制定的关系做出评价"作为评价内容，有利于学生反思自己的行为，充分认识到个人的参与对社会的重要意义，培养学生的政治参与意识和能力。

四、文化

实例：青少年娱乐生活调查分析。

学生以小组为单位，调查当地青少年的娱乐生活、当地娱乐设施的历史和现状。调查的信息以图标的形成呈现，并有注释和分析。每个小组还制订当地娱乐设施或俱乐部建设的商业方案。

学生展示和交流调查结果，通过网络向社区组织或公民委员会反映。

启示：以小组为单位，开展实地调查，进行研究性学习，制订解决问题的方案，向有关部门反映。这是典型的美国社会科活动教学法。

五、美国社会科教学启示

纵观《美国国家社会科课程标准：卓越的期望》中的教学案例，我们可以感知美国社会科教学基于真实生活情境的特征。它重视学生活动参与，采取小组合作形式，以任务驱动方式促使学生进行探究学习，建构学生知识体系，锻炼学生能力，培养学生素养，使学习作品呈现形式丰富，教师评价更加全面。具体教学启示如下。

一是议题基于生活情境，重真实、轻抽象。不同于我们常见的以知识讲解为起点，美国社会科教学常以议题、话题、问题为起点。教学选取的议题、话题、问题都是来自于真实的社会生活，与所学的主题有密切联系，与学生现在或者将来的生活息息相关，是基于真实生活的、有意义的学习主题。

二是活动强调体验话题参与，重感受、轻说教。区别于常见的讲授式教学，美国社会科教学常采取活动参与形式，议题、话题、问题的探究形式大都以比较有趣的活动形式开展，如以"探明真相小组""模拟角色""模拟法庭"等游戏体验的方式，激发学生学习探究的兴趣。

三是组织小组合作学习，重团队、轻独行。美国社会科教学既重视学生个体的独立思考，又强调学生之间的合作分工。这种小组合作是真合作、真分工、真交流，一项任务往往需要团队成员之间相互合作、相互配合，较好地培养了学生的团队意识和领导能力。

四是采取任务驱动学习，重探究、轻接受。学习进程的推进往往以分析及解决真实议题、话题、问题的任务为驱动，促使学生在完成任务的过程中不断去收集资料，调查研究，交流、讨论、分析问题，提出措施，论证策略，解决议题，以建构学生知识体系、锻炼学生能力、培养学生素养。从学习过程看，它包括资料搜查、甄别、取舍，主题分析，论证，观点提出、交流、矫正，建议拟定、递交、促成等过程。值得一提的是，"探究、讨论、辩论、展示、运用"是素养教学的五大要素。

五是作业形式丰富多彩，重有趣、忌枯燥。学生作业更加重视知识运用、能力锻炼，而非做题解题、纸上谈兵。其形式有撰写论文、调查报告、决策建议、过程反思和记录等，这些都基于学生完成和学习主题有关的、用于解决社会问题的场景任务，任务成果应具有现实性和可操作性。

六是评价强调过程与结果并重，重素养、重发展。教师对学生的评价是多方面、多维度的，包括学习的态度、参与的表现、分析的逻辑、研究的过程、成果的质量等。

第三节　美国社会科课堂教学的微观视角①

美国中学社会科教学经常采用各种活动式教学，例如角色扮演式活动教学、游戏式活动教学、体验式活动教学等。下面我们以"不同类型政府的优势与劣势"为例，从微观视角来探究美国中学社会科的课堂教学。

一、微观视角的美国社会科课堂教学

面对"不同类型政府的优劣势"课题，老师您会如何执教呢？是否常常采取下面两种教法？

教法一：①先讲清各种类型政府的特征。②通过列表对比方式，对不同类型政府的优劣势进行对比。③列举某政府决策的某些特征，要求学生判定该政府属于哪种类型。④练习巩固。⑤课外作业。

教法二：①专制政府的定义、特征、表现，并进行举例、开展练习。②寡头政府的定义、特征、表现，并进行举例、开展练习。③民主政府的定义、特征、表现，并进行举例、开展练习。④无政府主义的定义、特征、表现，并进行举例、开展练习。⑤列表对比不同类型政府的优势与劣势。⑥课堂小结。⑦课外作业。

教法一、教法二是我们常见的讲授式教学法。但除了讲授法，您还想到了哪些教学法呢？在素养时代下，还有更高效的教学法吗？

在美国汤姆森高中，一名教师在执教该课时，不是从概念特征讲起，而

---

①　案例参考：李海林. 美国中小学课堂观察：一位教育学教授的笔记 [M]. 北京：教育科学出版社，2016.

是从一个搭纸牌的游戏体验活动开始。教师随机把学生分为 4 个小组，每个小组桌子上都有一大沓卡片纸和粘胶带，教师要求各小组在 15 分钟之内用卡片纸搭成一座塔，看哪个小组搭的纸塔又高又牢固（让全班同学用嘴吹，吹不倒的获胜），获胜小组将获得奖品。

至于如何搭纸塔？游戏规则为：第一小组决策由本组身高最高的人做出，其余组员不得发表意见，只能执行组长决定；第二组决策实行表决制，所有决策必须通过半数以上的组员同意方可执行；第三组决策由组内两名最年长的同学做出；第四组任何决策都需要获得全体组员一致通过才能进行。

请思考：①美国老师为什么要采取游戏的方式？②4 个小组的决策模式各代表哪种政府的决策模式？③如果你在课堂采取游戏体验参与活动教学法，下一步你会如何进行呢？为什么？

15 分钟后，第一组的学生搭起了一个牢固度较低的塔，被其他组同学一吹就倒。第二组的学生搭的塔最高又牢固，其他组同学怎么都吹不倒。第三组的学生搭的塔和第一组差不多高，牢固度明显好于第一组。第四小组的塔根本没搭起来。

在学生尝试着吹倒了第一小组搭的纸塔以后，教师请第一小组的学生围绕这样 3 个问题与全班交流：①你的小组活动完成得怎么样？并请解释你们小组的决策方式。②你们小组的决策方式的优点有哪些？哪些优点使你们成功？③你们小组的决策方式的缺点有哪些？哪些缺点使你们成功或不成功？

第一组学生大致上复述了过程，讲了一些自己的感受，教师把学生说到的一些过程、一些词语写在黑板上。学生说完后，教师在黑板上把学生说到的这些过程和词语画一个大圈圈住，然后说："这就是专制政府的优势与劣势。"接下来，第二小组、第三小组、第四小组，都如第一小组一样，复述了自己小组搭建纸塔的过程。学生一边说，教师一边把他们说到的一些过程和词语写在黑板上。每一个小组说完，教师都把写在黑板上的这些过程和词语画一个大圈圈住，说："这就是民主政府的优势和劣势""这就是寡头政治的优势和劣势""这就是无政府主义的优势和劣势"。

请思考：①在学生分享游戏体验的过程，你的常见操作模式是什么？是否是先建议学生看书，然后再分享呢？②你认为游戏活动后下面哪种分享方式更能让学生主动建构知识，培养能力？一是学生活动完立即看书，然后分享；二是学生活动完后自己思考，小组研讨，然后再分享。是否还有其他更好的方式呢？③完成本环节后，下一步你会如何操作呢？

下课之前，教师给学生发放了一张纸，内容如下。

姓名：_____　　日期：_____

目标：对不同政府的决策方式进行分析，并针对利弊得出结论。

思考：不同政府类型及体系的区别。

总结：从政府职能的角度，具体谈谈你所在小组的决策方式对管理一个国家在多大程度上具有有效性。

请思考：①美国教师布置的课后作业和我们布置的课外作业有何不同？它在本课中的意义如何？②你认为美国教师本堂课的优点和不足各在哪里？③如何结合我国的国情，借鉴美国教师该节课的优点，找到最合适的教学方法呢？你认为最合适的教学方式应该是怎样的？

二、同课异构

讲授法是许多教师熟悉的教学法，是高中思想政治课堂常见的教学方法。以下结合表5-1，我们从教学环节、效果等角度出发，对游戏体验式活动教学法和讲授式教学法进行对比。

表5-1　不同类型政府的优势与劣势

项目	讲授式教学法	游戏体验式活动教学法
导入	复习旧课，导入新课	纸牌游戏布置
教学过程	（1）讲述政体的定义及理解。 （2）指出划分政体的依据和类型	游戏体验
	分析不同政体的优点和缺点，举例说明	游戏体验分享及反思：真实感受各种政体的优点和缺点
	（1）课堂习题练习以巩固掌握知识。 （2）小结	教师点睛：结合学生的游戏体会，生成各种政体的优点和缺点，达成政治认同

续上表

项目	讲授式教学法	游戏体验式活动教学法
课外习题	课外习题练习，以巩固知识要点	课后习题反思与分析，既巩固了学科知识，提升了学生分析能力，又加深了学生对各种政体的认识
学生兴趣	较弱	强烈、兴奋
学习气氛	沉闷、枯燥	生动、有趣
学习内驱力	学生听教师讲解各种概念、理论，是一种由外而内的接受式学习、填充式掌握，属于被动式学习	学生通过游戏体验感悟各种模拟政体的优劣，并且用自己的理解和语言说出来，是一种自内而外的体验式、感悟式、启发式学习，属于主动式学习
学习效果	（1）重知识品质：优点是系统准确地掌握学科知识，缺点是学生不一定真正理解感知知识。（2）轻能力品质：能力锻炼较小，学生只是接受知识	（1）轻知识品质：深刻理解知识的内涵，但学科知识的系统性和精准性有待教师教学指引。（2）重能力品质：能力锻炼较大，学生通过自己的感悟，说出不同政体的区别，锻炼了学生的思维能力，是一种生成知识的过程
效果检验	应对知识记忆型考试，不适应复杂情境的能力考试	比较符合能力型考试的要求
启示	要各取教学之长，促进活动教学的扎实高效发展。既要借鉴游戏体验式教学重视活动调动兴趣、关注学生真实体验、重视学生学习力创造力的优点，又要结合讲授法重知识体系、重理论教学的长处，真正实现学科核心素养教学	

三、深入探究游戏体验式活动教学

（一）定义

游戏体验式活动教学是指教师根据教学目标和内容，模拟某种真实情境、设计有趣游戏，带领学生经历亲身体验、感悟、反思过程，从而实现教学目标的教学法。

（二）特征

相对于讲授法，游戏体验式活动教学法具有以下特征。

（1）以学习者为中心。关注学生兴趣、感受、学习方式和价值取向。活动中，每个人都亲身参与其中去体验与感悟；活动后，学生要对活动进行小结与反思。

（2）以内驱力引领学生学习。重在触动学生个体的内心世界，常常采用潜移默化、耳濡目染的陶冶方式。

（3）重视建构知识，而不是接受知识。每一个游戏都精心设计，每一句提问都匠心独运，每一个活动都寓意深远、目标清晰。唯有精心、精准、精细的设置各个环节和设问，才能保证活动不仅是游戏参与，更是学习过程、成长历程。学生通过参与，亲历的反思，对游戏中"理"进行辨析、梳理，直至形成人生经验。

（4）过程参与，活动体验，体验反思。游戏体验式学习中，游戏是学习的载体，体验是学习的过程，反思是学习的内容，分享是学习的路径。反思、分享的数量和质量是评价学生学习效果的重要维度。

（三）环节

游戏体验式活动教学主要包括 4 个环节。

（1）围绕主旨，精选游戏。要根据教学的目标、内容、学校和学生的实际情况精心选择或设计游戏。游戏要安全、易操作、有趣味、有内涵、有效果，不能为了活动而活动，为了游戏而游戏。

在"不同类型政府的优势与劣势"一课中，为了实现理解"不同类型政府的优势与劣势"这个教学任务，教师巧妙地设计了"搭纸塔"游戏，让学生在游戏中感受"专制政府""民主政府""寡头政治""无政府主义"四种政体的优势与劣势。这一设计化枯燥为趣味，化理论为实践，化繁难为简易。游戏的主旨在于体验不同类型政府决策的优劣，所以，只要围绕这个主旨，教师完全可以换其他活动任务，比如"策划一次外出活动""班级环境布置"等等，只要活动步骤是一样的，就都能实现理解"不同类型政府的优势与劣势"的教学目的。由于搭纸牌活动更具现场感、可视感、参与感，更受学生喜欢，所以，美国教师采用了这个游戏。

（2）全员参与，全情投入。"做中学"是游戏体验教学最重要的特征，学习不能只是部分优生的特权，游玩不能只是个别学困生的待遇，在游玩中学习、在学习中游玩是每个同学的权利。在游戏体验式学习中，每一个学生都是游戏学习的主体，都是学习的主人，每一个人都应该有明确的学习任务、反思、体会、分享。在游戏学习中，教师要加强课堂指引，杜绝学生成为学习的围观者、破坏者的情况，保证每个成员都是学习的参与者、收获者。

（3）积极反思，形成收获。反思是游戏体验教育的关键。无论采取何种方式学习，最终都要通过自己的反思、提炼、升华，才能有质的飞跃。游戏结束，学习活动还在途中，教师应该引导学生对活动过程及自己表现进行反思。

例如，在"不同类型政府的优势与劣势"的教学中，"搭出一个又高又牢固的纸塔"并不是教学任务，"搭纸塔"游戏的目的是"获取活动体验"，即从决策结果体验不同决策方式优劣，从而由此及彼，真实感知并反思不同类型政府的优势与劣势。教师设计游戏活动，关注点不在于游戏的结果，而在于游戏所承载的教学主旨和教学目标。如果游戏完成后，虽然纸塔搭起来，但学生没有体验到这些过程，或虽有体验却没有清晰地提取出来，那这堂课就不能实现教学目的，"不同类型政府的优势与劣势"教学目标就没有落实。

（4）感悟反思，内化生成。感悟是游戏体验教学的基础，反思是游戏体验教学的灵魂。感悟须真感悟，反思须真反思。这种感悟、反思不是活动完后直接让学生看教材后的反思感悟，因为这样容易让学生受教材已有知识的局限，而是让学生自由自发地真感受真反思，只有这样才能促进学生创造性思维的发展。鼓励学生自由自发地感悟和反思，也并非让学生漫无目的地感悟和反思，而是有主旨聚焦、有逻辑生成的反思，以防碎片式感性认识，是通过教师指引，生成有逻辑体系、遵循从感性认识到理性认识的学习建构过程，培养学生的学习力。

例如，在"不同类型政府的优势与劣势"教学中，教师将游戏结束后的学生反思设问为：①你的小组活动完成得怎么样？同时请解释你们小组的决策方式。②你们小组的决策方式的优点有哪些？哪些优点使你们成功？③你们小组的决策方式的缺点有哪些？哪些缺点使你们不成功？

教师对学生反思分享的指引尤其重要。本课中，第一组学生说完，教师在黑板上把学生说到的过程和词语画一个大圈圈出，然后说："这就是专制政府的优势与劣势。"接下来，第二小组、第三小组、第四小组学生一边说，教师一边把他们说到的一些过程和词语写在黑板上。每一个小组说完，教师都把写在黑板上的这些过程和词语画一个大圈，说"这就是民主政府的优势和劣势""这就是寡头政府的优势和劣势""这就是无政府主义的优势和劣势"。

教师为了让学生掌握好本课的知识目标，做到学以致用，理论联系实际，设置了"对比不同政府类型及体系区别"的思考，并要求学生能总结本小组决策方式的效能。

总之，游戏体验式学习能充分调动学生学习的内驱力，让学生在游戏体验参与中感悟道理、建构知识、锻炼能力、体验情感、培育素养，是一种很好的学科核心素养教学方法。在游戏教学中，一定要注意游戏和教学的一致性，避免"两张皮"现场，要注意精心围绕主旨设计游戏，巧妙设问，精心引导，让学生自我建构、内生驱动。

第四节　世界主要国家的中学思想政治教学

世界上无论哪个国家，都高度重视本国的思想政治教育课程，只是称谓各不相同。中国义务教育阶段叫"道德与法治"、高中阶段叫"思想政治"，美国叫"社会科"，俄罗斯叫"公民教育"，德国小学叫"宗教课（伦理课）"、高中叫"政治课"，英国叫"公民课程"，法国叫"道德与公民教育"，日本小学初中叫"社会科"、高中叫"公民课"，韩国叫"公民道德教育课"，新加坡叫"公民与道德教育课程"，等等。

一、德国的中学政治教学

德国中小学非常重视政治教育，德国小学设宗教课（没有宗教信仰的学生则学伦理课），它是一门比较综合的课程，除了宗教和礼貌规范外，也介绍如政体制度、国内各个党派等德国基本政治知识，还包括一些哲学、经济、历史等基础人文学科知识。高中阶段，德国社会科学类中，除政治课，还有经济、历史、地理、宗教、美学、心理学、哲学等课程。政治课内容涵盖4个领域，包括经济、社会、政治体系和国际政治。政治课上常有政治家应邀来学校讲各党政策等内容，学生也常去博物馆、国会、大学等机构参观访问，再通过小组报告形式汇报所学知识。

（1）德国政治教学的目标（见图5-2）。政治课在德国是必修课，开设政治课有利于唤起学生参与政治兴趣，培养学生独立政治分析和判断力，提高参与社会政治生活的能力。而最根本的目标和任务是使学生认同基本价值，形成价值判断，最终实现政治参与。

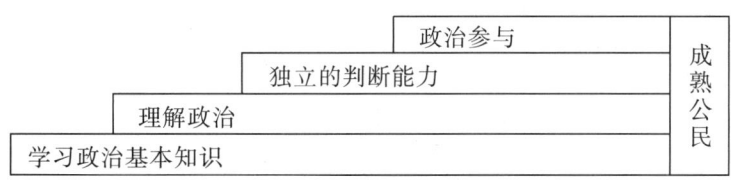

图5-2　德国中学政治教育的目标层次

（2）德国政治教学的内容。德国政治教学重视各种政治知识的教授，更强调政治技能的培养。在知识点上囊括了德国和世界历史、社会、经济、政治体系和政治过程、国际政治等领域的基本事实、概念、范畴体系和理论模式等，构建了系统的政治理论知识体系；在能力方面包括独立获知能力、描述表达能力、辩论能力、综合评价能力、运用理论处理复杂的社会政治和历史问题的能力等，构成了系统的能力结构。

（3）德国中学政治课堂教学。在教学过程中，教师一般采取主题教学法或者问题教学法，从某一社会问题、国内国际的热点问题、重大政治事件和冲突入手，提出问题，引导学生弄懂与问题相关的基础知识，确定学习和探究主题，通过让学生独立调查、探知与主题相关的事实，进而分析问题，形成判断，对争议问题进行比较与评价，做出决定，提出解决问题的方案（见图5-3）。

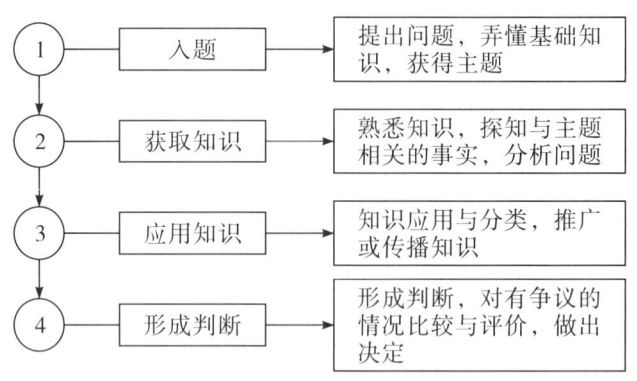

图 5-3　德国中学政治课教学步骤

（4）参加社会化活动。主要指课外、校外的社会实践活动，如聚会、青少年日、联欢会、国际青少年会议、研讨会、休闲、俱乐部活动，从事不同程度的家务活动、打扫校园，参加工厂、农场的实习活动，假期到医院、养老院、福利院服务 1~2 周等。

二、英国的公民课教学

英国中学阶段公民课的教学目标是使学生成为合格的公民，主要包括传授必要的知识，培养理解能力，探究沟通能力、参与能力，培养有责任感的公民。

课程内容方面，第一阶段（相当于初中）共九大方面，包括：一个社会基本的合法人权与责任，刑事司法体系，以及它们与年轻人的关系；英国有各种不同民族、地区、宗教和种族的认同，彼此间需要相互理解与尊重；中央与地方政府提供哪些服务及这些服务是如何被资助的，怎样参与到服务中去；议会的主要特点及其他政府形式；选举制度和选举的重要性；社区、国内和国际志愿者组织的工作；公平解决争端的重要意义；社会中媒体的重要作用；世界即"地球村"及其对政治、经济、环境和社会的意谓，欧洲联盟、英联邦和联合国的作用。第二阶段（相当于高中）共八大方面，包括：社会基本的合法人权与责任，以及它们怎样与公民相联系，包括刑事与民事司法体系的作用与运作；英国不同地区、民族、宗教和种族认同的由来及内涵，相互间需要彼此理解与尊重；议会、政府与法院在制定与规范法律方面的作用；积极参与民主和选举过程的重要意义；经济怎样运作，包括商业和金融服务的作用；个人、志愿者组织在哪些方面能够影响本地区、国家、欧洲和世界，消费者、雇主与雇员的权利和责任；英联邦与欧洲联盟、英吉利共和国及联合国的关系；全球化带来的问题与挑战及人类应负的责任。

在教学方面，教师在教学中力求用中立的方式呈现蕴含道德价值观念的教学内容，引导学生思考，鼓励学生探索，而不进行带有任何倾向的说教、灌输。学生可以根据自己的知识经验，通过分析、思考教师呈现的德育内容，提出自己的观点，得出自己的判断。常用的教学方法有以下4种。

（1）情境教学法。教师在教学过程中抛弃传统说教，以引导与诘问的模式作为课程设计的基础。常以情境的假设提供一个案例给学生讨论，让学生根据个人经验见识与同伴交流。鼓励学生参与讨论、分享自己的意见。例如，教师提供存在冲突的情境事例，组织学生开展讨论，证实各种道德原则，学会做出价值判断，找出解决问题的方法。通过设置以历史事件为基础的道德困境，让学生通过思考分析来理解全人类的道德价值。

（2）设身处地角色扮演法。"设身处地"主要通过角色互换、角色扮演的方式进行教学。教师首先创设情境，然后请全班学生写出自己身处此情境的所作所为，再选择扮演某一个角色，并由同学对角色行为进行评论，最后师生共同讨论和总结。

（3）热点讨论法。多数英国学校每周都组织班级讨论，选取一些学校或者社会上发生的事情，让学生发表看法，共同讨论，自己去领悟和判断。

（4）活动教学法。包括社区内的实践活动以及学校内的相关活动，如参与学校和班级的管理、组成互帮互助小组以及校内一些日常活动与课外活动等。

三、法国的中学公民教学

法国初中的公民教育基本内容为人与公民权利教育、个人与集体责任教育和判断力教育。其中，初中一年级讲解人的权利和义务；二、三年级教授平等、团结、自由、安全和公正等民主社会价值观，四年级则主要教学生认识法国公民身份的范畴。高中的"公民、法制与社会教育"课程通过对公民身份概念的深入分析，引导学生面对现实世界，重新学习其原则、形态与实践。高中一年级着重学习"以公民身份在社会中生活",高中二年级着重学习"制度与公民身份的实践",高中三年级着重学习"当代世界变革中的公民身份"。

高中一年级"公民、法制与社会教育"课的目标是从社会生活出发,重新认识初中学习过的公民身份的概念。主要学习内容是4个主题和7个定义。4个主题为:公民身份与礼仪、公民身份与社会融合、公民身份与工作、公民身份与家庭关系的变革;7个定义为:礼仪、社会融合、国籍、权利、人与公民权利、公民与政治权利、社会与经济权利。高中二年级"公民、法制与社会教育"课的主要学习内容包括4个主题和7个定义。4个主题为:公民身份的练习与政治权力的代表制和法制、公民身份的练习与政治参与形式和集体行为、公民身份的练习与共和国和地方主义、公民身份的练习与公民权利;7个定义为:权力、代表制、法制、法治国家、共和国、民主、国防。高中三年级"公民、法制与社会教育"课要求学生认识民主国家与社会中的权利、公正、自由和平等正面临新的挑战,特别是科学技术的变革、公正与平等的新诉求、欧盟的构建和经济文化的全球化。主要学习内容是4个主题和8个定义。4个主题为:公民身份与科学技术的变革、公民身份与公正与平等的新诉求、公民身份与欧盟的构建、公民身份与世界化的形式;8个定义为:自由、平等、主权、公正、普遍利益、安全、责任、伦理。

高中的公民教育强调教育首先不是知识的获得,而是行为实践的学习。课堂教学以辩论为主要的教学方法。具体教学方法如下。

(1)辩论。法国公民教育采取引导、启发的"说理式辩论"教育方法,在相互沟通和讨论中实现教学目标。教师只是引导学生思考,让学生自己建构知识结构,充分发挥学生在辩论中的主体作用。辩论题目由学生根据课程进展自主选择,辩论由学生组织,学生在辩论前要进行新闻资料、历史文献、法律文献、网上媒体资料等收集,要进行调查或访谈、走访专家,并且对各种资料进行分析研究,要选举主持人,由报告人列举证据,开展正反方的辩论;辩论期间,学生对己方观点进行论证分析,对反方观点进行辩驳反证;辩论后,学生要对辩论情况形成书面材料,在班级壁报或以其他方式展示。教师负责监督辩论规则的执行情况,适当参与并做总结。辩论的意义在于遵守规则,以理性论据形成共识,从而构成公民身份的实践学习。

(2)时事讨论。时事讨论是高中"公民、法制与社会教育"课的重要方法。对时事辩论的某个事件或一组事件的选择，通常要符合两个要求：一是能引起学生的兴趣，二是有助于阐发公民教育的范畴。时事事件一旦被选定，学生就要广泛收集相关资料，然后将其置于历史背景之中分析，对不同观点进行梳理，求得一定的共识，从而实现公民教育的目的。

（3）结合课程教育，组织学生走出校门，开展丰富多彩的校外活动。例如，社会观察、访问等。

（4）组织学生直接参与学校的管理，丰富学生参与社会管理的实践。学生亲身体会作为一个公民的责任，可学会正确行使权利，履行义务。学校的理事会中有 3~7 名学生代表参加，每个班级选取 10 位学生代表组成学生生活委员理事会等。

（5）网络教育。考虑到网络对于青少年的影响日益增大，法国政府在网络上对学生开展公民教育。早在 1999 年，法国参议院开辟了名为"少年参议院"的网站，将游戏与教育融为一体，对青少年进行国民义务教育。

（6）对学生的评价。在课上的评估，主要看学生在各种活动中的积极态度，如在资料的准备、辩论的内容、撰写的文章等方面的情况。评价的标准主要包括：信息的收集与分析；作品（书面、口头、视听、数字化、多媒体……）质量；辩论中的态度；知识掌握水平。

四、俄罗斯的公民教育

当前俄罗斯公民教育目的是培养具有俄罗斯特色的现代公民。内容主要包括：让学生具有鲜明政治倾向性和参与政治生活积极性的政治意识教育；法制和道德教育；培养环保意识的生态教育，以及最核心的爱国主义教育。公民教育课程内容见表 5-2。

表 5-2　俄罗斯公民课程内容

课程类型	学前小学（1~4 年级）	基础学校（5~9 年级）	完全中学（10~11 年级）
必修课	道德知识入门、儿童权利等	公民学、社会学入门、权利和政治、法律常识等	社会学、法学基础、经济学基础、经济与法律等

续上表

课程类型	学前小学（1~4年级）	基础学校（5~9年级）	完全中学（10~11年级）
选修课	日常生活、行为规范、俄罗斯国家和社会、生活的意义等	选举、经济常识、社会生态、宗教常识等	选举法、选举权史、社会哲学、消费知识入门等

俄罗斯公民教育在坚持专门的知识教学外，还注重对学生价值观的培养和实践活动的开展。课外活动包括参观、访问、社会实践，如参观国家杜马、地方自治机关、法院等机构以了解他们的工作，对社会问题进行实地调查并寻求解决的办法等；学校民主生活，主要包括教学过程公开化，鼓励学生自由讨论学校的公共生活准则，公开选举学校管理机构，让学生广泛参与学校、地区及社会问题的研究和解决。

五、日本的公民课教育

日本的学生从初中三年级开始就要上公民课。公民课中包括现代社会、伦理、政治和经济的知识。日本初中公民课的内容包括日本宪法、国民主权、基本人权、和平主义、选举、政党、内阁等。目的是让学生理解日本社会的构成，了解自身拥有的权益。高中阶段"现代社会课程"的内容主要从社会、文化、政治经济等各个角度，对社会课题进行探究；"伦理课"则是旨在引导学生思索和加深对人的存在价值的理解；"政治和经济课程"就重在讲解相关的基本概念与理论。最新出版的高中公民课教科书共分3个部分，主要围绕政治、经济领域的基础知识进行讲解，在此基础上还升高到哲学思想和历史层面。在德育教学中，一是解读并运用西方的德育教学理论，包括价值澄清理论、关心理论、道德两难理论；二是创建适合日本国情的道德教学理论，包括综合单元的道德学习、结构化教学方式。

六、韩国的公民道德教育课

韩国认为德育课应追求"知识、信念和情感、实践"的三位一体，在教学中常采用统合性的教学方法。包括价值分析、自我反省、概念分析、解决道德冲突等指导性教育方法，具体有"设身处地考虑法、价值澄清法、道德认知发展法、角色游戏法、假设情境法、社会行为分析法"等。为了培养学生道德判断能力以及价值选择能力，韩国非常强调讨论式教学模式。学生有机会讨论日常生活中经常遇到的诸多道德问题以及两难选择问题。同时，强调学生自己创设道德情境，进行探究式学习，培养思维能力。此外，项目式教学模式也是一种常用教学法。

七、新加坡的公民与道德教育课程

新加坡非常重视教学的活泼性、学生的参与性，力求使学生感同身受。教学过程一般为"导入—课文教学—辅助教学—完成作业"。以情境设置导入，运用设身处地考虑法激发学生的思维，导入课文。当对课文了解完后，教师会让与文中人物有相似经验的学生谈经历和感想，或者进行角色表演。完成作业时，采用小组讨论的方式，小组成员集思广益，言之有理即可，活动目的在于激发学生的思考能力，而非注重文字作答。在教学方法方面，有设身处地考虑法、价值澄清法、道德认知发展法。

第五节　当代西方国家主要德育方法

当代西方国家德育方法主要有道德两难故事法、价值澄清法、活动教学法、综合实践法及情境陶冶法。

一、道德两难故事法

道德两难故事法是由美国道德教育学者科尔伯格提出的德育教学法，科尔伯格是美国哈佛大学教授、道德发展与教育研究中心主任、认知结构主义学派代表人物。他提出学校道德教育的目的是促进学生道德判断能力的发展。他根据儿童道德认知发展的阶段性提出了"道德两难故事法"，即道德两难故事问答讨论法，在道德两难故事讨论中启发儿童积极思考道德问题，促使学生多方考虑，提出解决的方法；并聆听、参考其他同学的意见，以便和自己的想法相比较，然后做出选择。其特点是通过讨论刺激学生认知结构的改变，提升道德认知层次，以增进学生解决问题的能力，从道德冲突中寻找正确的答案，以有效地发展儿童的道德判断力。

以下以典型例子"汉斯偷药"为例，探讨道德两难故事法的实施过程。

欧洲有个妇女患了癌症，生命垂危。医生认为只有本城某个药剂师新研制的药能治好她。配制这种药的成本为 200 元，但销售价却要 2 000 元。病妇的丈夫汉斯到处借钱，可最终只凑得了 1 000 元。汉斯恳求药剂师，他妻子快要死了，能否将药便宜点卖给他，或者允许他赊账。药剂师不仅没答应，还说："我研制这种药，就是为了赚钱。"汉斯别无他法，利用晚上撬开药剂师的仓库门，把药偷走了。

这是一个虚构的故事，当这样一个道德两难故事呈现给孩子们之后，科尔伯格围绕这个故事提出了一系列问题，让学生讨论，以此来研究学生道德判断所依据的准则及其道德发展水平。

（1）汉斯应该偷药吗？为什么？

（2）他偷药是对的还是错的？为什么？

（3）汉斯有责任或义务去偷药吗？为什么？

（4）人们竭尽所能去挽救另一个人的生命是不是很重要？为什么？

（5）汉斯偷药是违法的。他偷药在道义上是否错误？为什么？

（6）仔细回想故事中的困境，你认为汉斯最负责任的行为应该是做什么？为什么？

该教学法认为：两难的道德选择，一般都会渗透个人价值观和道德判断，会促使人们在选择中权衡道德和利益的关系，但无论从何种角度选择，都没有绝对的对与错之分。只是在不同的情境中，人们运用了不同的策略。

在儿童对汉斯偷药的反应中，汉斯该不该偷药并不重要，重要的是他们给出的理由。科尔伯格正是根据这些不同的理由将儿童的道德判断划分为6个不同的水平和阶段（见表5-3）。

表5-3 道德发展不同阶段表现及理由

对汉斯行为的态度		理　　由
(1)	赞成	如果你让你的妻子死掉，你将会有很大的麻烦，你将会因不花钱挽救她的生命而受到谴责，而且你与药剂师将为你妻子的死而接受调查
	反对	你不该偷，因为如果你这样做，你将被抓住并被送进监狱。即使你跑掉了，你也将不得安宁，每时每刻都担心被警察抓到
(2)	赞成	如果你被抓到，你可以把药还回去，这样就不会受到过多的刑罚。如果你从监狱出来后还能拥有妻子，那么短期服刑对你不算什么
	反对	如果你偷了药可能也不会被判刑很长时间，但你的妻子可能在你出狱之前就死掉了，因此偷药对你没什么好处。如果你的妻子死了，你也用不着责备自己，因为她自己得了绝症，而不是你的过错
(3)	赞成	如果你偷药，没人会认为你不好，但是如果你不偷，你的家人将会认为你是一个没有人性的丈夫。如果你让你的妻子死掉，你将永远没脸再见任何人
	反对	不仅仅是药剂师会认为你是个罪犯，任何人都会这样想。你偷药后会给你和你的家庭都带来耻辱，这将使你没有脸再见人
(4)	赞成	如果你有点责任感的话，你就不会害怕做能够挽救你妻子性命的事（偷药），不会让你妻子白白死掉。如果你不能履行对她的责任而导致她的死亡，你将永远有一种犯罪感
	反对	你处于绝望之中，因此，当你偷药时，你可能没有意识到自己做错了。但是，当你被惩罚并被送进监狱之后，你就会知道自己做错了。你将会因为自己不诚实和破坏法律而感到罪恶
(5)	赞成	法律没有考虑到这种情况。在这种情况下把药拿走并不是很正确，但这样做应该得到辩护
	反对	不能因为一个人感到绝望就允许他去偷。动机是好的，但好的动机不能说明手段是正当的
(6)	赞成	汉斯应该偷药，因为人类生命的尊严必须无条件地优先得到考虑

科尔伯格认为第6阶段的人能够理性地做出决定而不考虑个人利益，他将这种在理性基础上做出的正义决定看作是道德的最高理想。

二、价值澄清法

价值澄清（values clarification）理论作为一种教学方法于 20 世纪 20 年代出现，为进步主义教育采用，在 60 年代时逐渐形成一个德育学派，代表人物主要有纽约大学教育学院教授路易斯·拉斯（Louise Raths）、马萨诸塞州大学教育学教授悉米·西蒙（Sidmey B. Simon）等。

价值澄清学派基本理论为：教师不能把价值观直接教给学生，而只能通过分析评价等方法，帮助学生形成适合本人的价值观体系。主张价值观教育不是从理论到理论的说教或灌输，不是教给学生一套概念体系让学生去"背条条"，而是尽可能接近学生生活，尽可能不被学生觉察地进行严肃的价值观教学。

价值澄清法强调 4 个关键因素：一是要以生活为中心，解决生活中的问题；二是要接受现实，即原原本本地接受他人，不必对他人的言行进行评价；三是要求进一步思考、反省，并做出多种选择；四是培养个人深思熟虑地进行自我指导的能力。

价值澄清法教学步骤分为选择、珍视、行动 3 个阶段，具有 7 个步骤。以下为具体教学步骤。

（一）选择（choosing）

（1）自由选择。只有在自由的选择中，才能根据自己的价值观行事，被迫的选择是无法使这种价值整合到学生的价值体系中的。

（2）从多种可能中选择。提供多种可能让学生选择，有利于学生对选择进行分析思考。

（3）对结果深思熟虑的选择。即对各种选择都做出理论的因果分析、反复衡量利弊后的选择，在此过程中，个人在意志、情感以及社会责任等方面都受到考验。

（二）珍视（prizing）

（1）珍视与爱护。珍惜自己的选择，为自己能有这种理性选择而感到自豪，并将其看作是自己内在能力的表现和自己生活的一部分。

（2）确认。即以充分的理由再次肯定这种选择，并乐意公开与别人分享，而不会因这种选择而感到羞愧。

（三）行动（acting）

（1）依据选择行动。鼓励学生把信奉的价值观付诸行动，指导行动，使行动反映出所选择的价值取向。

（2）反复地行动。鼓励学生反复坚定地把价值观付诸行动，使之成为某种生活方式或行为模式。

价值澄清具体方法：填价值单、价值观投票、20 件最喜欢做的事、后果搜寻、填写名片、价值观地理、角色游戏、群体谈话、时光日记、百分比的问题、"生活馅饼"、两个理想的日子、给编辑的信、自传的几页。从开展对象的数量上看，可面对全体学生、大组、小组、单独个人等对象运用。

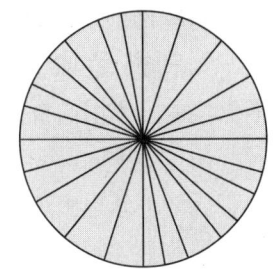

图 5-4 "生活馅饼"

例如，为了让学生学会珍惜时间，可以使用"生活馅饼"法。

步骤一：每人发一张白纸，画一个大圆圈（"生活馅饼"，见图 5-4），代表一天生活的 24 小时，看看如何使用自己的时间。

步骤二：把自己的"馅饼"按各项的比例分割。包括：①睡眠，②学校，③课外补习，④家庭作业，⑤朋友（聊天、打球、上网等），⑥做家务，⑦独处（阅读、玩），⑧与家人共处（包括吃饭时间），⑨其他。

步骤三：你对自己目前使用时间的情形满意吗？在你的理想中，应该怎样使用时间？再画一个圆圈代表你理想的"生活馅饼"。你能采取什么行动，以改变你目前的"生活馅饼"，使它更接近你理想中的"生活馅饼"。

价值澄清方法在西方各国传播很快，应用较广，对西方现代道德教育影响较大，具有可操作性和实效性。优点是尊重儿童的地位，激发儿童的主动性；注重发展儿童的道德意识、道德判断和价值观的选择能力；注重现实生活；具有很强的可操作性。缺点是对价值的个性特征的过分强调，极容易导向价值相对主义；过分强调价值观的相对性，忽略了共同价值观的存在；割裂了教育内容之间的关系；社会价值观的缺失容易导致社会主流价值观的混乱。

对于西方德育教学方法，无论是道德两难故事法还是价值澄清教学法，我们都要辩证地看待，可以借鉴其尊重学生个性与本性，重视引导方法，但更应进行积极地价值引导，发挥社会主义核心价值观的引领作用，立德树人、铸魂育人，帮助学生树立正确的价值观、人生观和世界观，而不是放任自流。

三、活动教学法

在课堂教学中，教师本着学生是教育主体的原则，将课程所讲的相关德育内容与学生可接受的各种生活、故事、游戏结合起来，把呆板的灌输变为有趣的学生参与，使学生通过参与、活动，领悟所学习的内容，从实际体验中受到教育。

美国教师在课堂上没有对学生进行大量的知识灌输，但是他们想方设法把学生的眼光引向校外那个无边无际的海洋，让学生知道生活的一切空间和时间都是学习的课堂；他们没让学生死记硬背大量的公式和定理，而是巧妙地告诉学生怎样去思考问题，教给学生面对陌生领域寻找答案的方法，如常用"研究性学习法"激发学生的求知欲。

下面是一个美国11年级的教师布置的撰写"公民权利"研究论文作业。

要求：3～5页纸，至少用3种资料来源（如网络、书籍等），至少有5句引文。

内容：对比布克·华盛顿、杜波依斯、马丁·路德·金、马尔克姆·X关于黑色美国的观点。在你的论文里，不要涉及太多关于他们生命的故事，我不想读传记。但是，需要把每个人介绍清楚，还必须在你的论文中纳入贴切的材料。然后，讨论他们关于黑色美国的观点，要把你的想法写进去。最后，请把你的引文或材料的来源列出来，比如某某网页、某某书。

四、综合实践法

通过各种综合实践活动进行思想政治教育。它包括课题探究、社会考察、社会参与等。例如，学生参观各种纪念馆、博物馆，参加各种社区服务活动，志愿服务活动，保护环境活动，为社会慈善事业捐款的活动，为老人、残疾人带路，参加道路安全与防火灾宣传活动等。

下面是法国关于综合实践法的一个案例。

法国中小学生每星期有 1 个小时的公民素质教育课，学校往往组织学生去附近博物馆参观，并把时下发生的新闻事件当作鲜活教材。法国政府非常珍惜和爱护历史文化，发挥博物馆的育人作用。学生通过参观这些博物馆，受到深刻的爱国主义教育，培养强烈的爱国意识。法国诺曼底地区的卡昂纪念馆是战争与历史博物馆，每年有 50 多万人参观。纪念馆半数参观者是 20 岁以下的青少年，1/3 是中小学生，纪念馆的设计和展览安排也考虑教学的需要。在纪念诺曼底登陆 60 周年时，一批又一批中小学生每人拿着一本 40 多页的练习册，跟着带队老师边听讲解边参观。

五、情境陶冶法

情境陶冶法是通过学校环境和校风校纪来育人。在德育教育中，总有某些东西传递给学生，这些东西无须在课中讲授，也无须在集会中灌输，但学生总会从中学习到人生观和价值观。一所好学校全面而正常的生活，有利于学生建立理想和培养健全的性格。西方国家的学校重视推行民主治校、强化教书育人、树立文明的校风、建设美丽整洁的校园等，努力为学生创建文明优雅的校园环境，从而使学生的道德情操在潜移默化中受到熏陶。

美国历届政府十分重视对中小学生进行爱国家、爱国旗、唱国歌的教育。在美国，从儿童玩具到服装、从商品到娱乐场所，通过寓教于乐，渗透爱国主义教育。在中小学校，热爱国旗是学生爱国主义教育的一个重要组成部分。学校在举行升旗仪式时，学生把手放在胸前，神情虔诚，庄严地念道："我效忠于国旗和美利坚合众国。"学校里凡举行全校性的活动，哪怕是一场篮球赛，第一个议程总是全场起立奏（唱）国歌，气氛热烈。

此外，社会学习道德教育理论、人本主义道德教育理论、完善人格道德教育理论、体谅关心道德教育理论、理性为本道德教育理论都是当代西方主要的道德教育理论。它们都有"注重微观研究、注重操作模式研究、人本主义被普遍接受"等共性。

对于当代西方德育方法，我们应辩证看待，借鉴其优秀的方法，以我为主，为我所用，不断创新德育方式方法，结合国情促进学生全面发展。坚持不懈地培育和弘扬社会主义核心价值观，引导广大学生做社会主义核心价值观的坚定信仰者、积极传播者、模范践行者。

参 考 文 献

[1] 习近平：把思想政治工作贯穿教育教学全过程［EB/OL］．(2016 – 12 – 08)［2017 – 12 – 21］．http://news. xinhuanet. com/ 2016 – 12/08/c _ 1120082577. htm.

[2] 史宁中. 推进基于学科核心素养的教学改革［J］. 中小学管理，2016 (2).

[3] 朱开群. 基于深度学习的"深度教学"［J］. 上海教育科研，2017 (5).

[4] 包心鉴. 当代中国的政治认同［N］. 光明日报，2014 – 04 – 09 (13).

[5] 朱明光. 关于思想政治学科核心素养的思考［J］. 思想政治教学，2016 (1).

[6] 陶文昭. 论全球化时代青年学生的政治认同［J］. 思想理论教育，2014 (3).

[7] 刘素娟. 政治认同：关于中学思想政治课教学有效性的探究［J］. 思想政治课研究，2014 (1).

[8] 杜海坤. 新时期大学生政治认同教育探析［J］. 学校党建与思想教育，2013 (7).

[9] 晋燕云，胡双喜. 思想政治教学中学生思想认同对策研究［J］. 中学政治教学参考，2013 (30).

[10] 王建梁，栗霞. 思想政治教育要注重联系学生实际［J］. 湖南教育，2000 (17).

[11] 陈式华. "四位一体"的高中学生"政治认同"教育浅议［J］. 教育与教学研究，2016 (10).

[12] 巴斯，陈一鸣，青木，等. 中国知识界质疑"政治课"国外课名目不同内容相似［N］. 环球时报，2014 – 03 – 07.

［13］阮一帆，刘敏，杜海坤．美国学校公民教育教学法及其启示［J］．学校党建与思想教育，2013（22）.

［14］李海林．美国中小学课堂观察：一位教育学教授的笔记［M］．北京：教育科学出版社，2016.

［15］汪国新．游戏体验可以育德［N］．中国教育报，2005–05–16.

［16］范林芳，傅安洲．德国政治教育课程设计分析［J］．比较教育研究，2004（6）.

［17］张西方．英国中小学德育建设经验及其启示［J］．中国教育学刊，2007（5）.

［18］檀传宝．当代东西方德育发展要览［M］．北京：人民教育出版社，2013.

附　录

附录一　"更好发挥政府作用"教学设计①

广州市执信中学　谢丹丹

一、教学内容分析

课程标准内容要求：理解社会主义市场经济体制既体现社会主义制度优越性，又同我国社会主义初级阶段社会生产力发展水平相适应，是党和人民的伟大创造。阐述建设高标准市场体系的意义，辨析经济运行中政府与市场的关系，解析宏观调控的目标与手段。

必修2的第一单元是"生产资料所有制与经济体制"，包括了"我国的生产资料所有制"和"我国的社会主义市场经济体制"两课内容，都属于我国社会主义基本经济制度的重要组成部分，构成我们参与经济生活的制度背景和舞台。本课时为第二课"我国的社会主义市场经济体制"的第二框，主要讲述社会主义市场经济体制的基本特征及我国政府的经济职能，是对第一框内容的延续和升华。通过前一框"充分发挥市场在资源配置中的决定性作用"的学习，学生掌握了市场经济的含义、市场调节的优点及局限性，为学习本节内容"更好发挥政府的作用"，以及"需要把有效市场和有为政府相结合"起了铺垫作用，以此引导学生感悟社会主义市场经济体制的基本特

---

① 本教学设计收入时略有调整。

征和优势，增强学生的制度自信和政治认同，坚定在党的领导下进一步构建高水平社会主义市场经济体制的信念。

二、学情分析

通过第二课第一框的学习，学生对于社会主义市场经济体制有一定的了解，为学习本课打下了学习基础和学习经验。且高一学生的学习积极性和主动性较强，在课堂上主动思考、主动探究的意识较强，懂得与同学进行合作交流，具有一定的学习能力。

学生认知的碎片性和理论的宏观性、专业性，使得学生对这一知识的理解具有一定的难度。因此，在本课的教学中，要结合具体的情境和具体的事例，引导学生感悟社会主义市场经济体制的基本特征、优势和政府的经济职能。

三、教学目标

（1）通过搜集党和政府在粮食安全、耕地保护、惠农政策方面的资料，理解并掌握社会主义市场经济体制的基本特征，认同党的领导核心作用和社会主义市场经济体制的优势，增强政治认同。

（2）通过对助农措施等具体例子的理解，帮助学生准确辨认政府的经济职能、理解其作用。

（3）通过了解粮食消耗的情况，围绕"节约粮食、珍惜粮食"的主题为学校饭堂写一则宣传标语，提高学生公共参与的能力。

四、学习重点难点

学习重点：理解社会主义市场经济体制的基本特征。
学习难点：理解政府经济职能的具体举措及其作用。

五、教学流程（见附表1）

附表1　"更好发挥政府作用"一课的教学流程

教学内容	教学活动		设计意图
	教师活动	学生活动	
环节一：观中国奇迹　悟体制优势	教师导入："粮食安全是国之大者。作为拥有 14 亿多人口的大国，保障粮食安全对中国而言是永恒的课题。" 1. 课件呈现 40 多年来我国粮食总产量和人均占有量逐步增长的数据图。 2. 请同学们结合学生分享的资料和 AI 学习机中分享的拓展资料，谈谈社会主义市场经济体制如何成就这一"中国奇迹"？ 教师根据学生的资料分享提问并追问：我国粮食生产取得的成就得益于哪些因素？在党的领导下，人大、政府开展相关工作，这说明党发挥了怎样的作用？我国为什么能够集中力量办大事？我国的社会主义市场经济体制为何以促进全体人民实现共同富裕为根本目标？	1. 通过数据图感悟我国粮食生产取得的成就。 2. 小组上台分享课前搜集的党和政府在保障粮食安全、耕地保护、市场监管、惠农政策方面的指导和措施。 第 1 小组分享：党的十九大以来，在保障粮食安全方面作出的部署和要求，如中央一号文件、中央经济工作会议中关于保护耕地、抓好粮食生产等要求。全国人大及其常委会坚持党的领导，修改《土地管理法》《种子法》等。 第 2 小组分享：政府各部门在严格耕地用途管制、粮食市场监管等方面的措施。 第 3 小组分享：列举我国的一些惠农政策。 3. 学生根据分享的资料探讨问题，并积极回答	通过学生课前搜集资料并分享，探索这一"中国奇迹"离不开党的领导、政府的积极作为，引导学生从这些措施中总结社会主义市场经济体制的基本特征，体会感悟社会主义市场经济体制的优势

续上表

教学内容	教学活动		设计意图
	教师活动	学生活动	
环节二：识助农举措 探政府职能	教师展示材料，助农举措：强化食品安全和价格监管、加强耕地保护、重视生态环境修复、完善粮食储备设施区域布局、中央深改委第二十次会议审议通过《种业振兴行动方案》，让学生尝试辨识对应的政府经济职能。 同时，教师也在学生的 AI 学习机上推荐关于政府经济职能的具体事例（如国家发展改革委发布《产业结构调整指导目录（2023 年本，征求意见稿）》、国务院印发《黄河流域生态保护和高质量发展规划纲要》、实施《粤港澳大湾区发展规划纲要》、2023 年玩具等 36 种产品质量国家监督抽查情况通报等），帮助学生理解政府的经济职能及其作用	将助农举措和政府职能进行匹配连线； 结合教师的举例，思考这些职能体现了政府发挥什么作用	通过助农举措和政府职能进行匹配连线活动，引导学生探究政府的职能和作用，引导学生理解政府对弥补市场的缺陷、调节经济发展等发挥的重要作用。进一步感受我国的社会主义市场经济体制把有效市场和有为政府相结合的优势，增强政治认同、培养科学精神

续上表

教学内容	教学活动		设计意图
	教师活动	学生活动	
环节三：知识梳理、总结提升	1. 教师展示知识梳理框架。 2. 播放视频：我国社会主义市场经济体制下在多方面取得的成就。 总结提升："实践证明，社会主义市场经济体制具有巨大的优势。我们相信在坚持这样的体制下，我国的发展道路将越走越宽阔。"	1. 学生在教师的引导下回顾、梳理知识内联，形成完整的知识体系。 2. 学生观看视频，感受在社会主义市场经济体制下，我国不仅在粮食生产安全上取得成就，还在众多方面取得巨大的发展进步。证明我们的体制优势	通过知识框架的构建，帮助学生厘清各知识的内在关系（包括与第一课所学知识的关系），更深入、完整理解所学内容，培养科学精神。 通过视频素材的拓展，引导学生跳出粮食安全话题，看到该体制下我国取得的多方面成就，以更宏观的视角感受体制的优势，进一步提升学生的政治认同

续上表

教学内容	教学活动		设计意图
	教师活动	学生活动	
环节四：爱粮惜粮做节粮践行者	1. 邀请学生做调查分享：了解学校饭堂一天的粮食消耗量；我国一天的粮食消耗量。 2. 请学生围绕"节约粮食、珍惜粮食"的主题，为学校饭堂写一条宣传标语。 3. 展示世界粮食安全状况的数据，以及中国为全球消除饥饿与贫困贡献的重要力量，彰显负责任大国担当。 4. 课堂结束语："节用裕民，节俭兴国。党和国家在发挥社会主义市场经济体制的优势中以行动坚守'粮'心，保障粮食安全。让我们也争做爱粮节粮的倡导者、推动者、践行者，共同守护'大国粮仓'，让人民共享幸福'食'光，为我国积极承担大国责任贡献一份力量。"	1. 学生展示课前调查关于我们学校食堂一天粮食消耗的数据，以及我国14亿人口一天的粮食消耗量。 2. 学生以4人小组为单位写宣传标语，并向全体同学展示分享。 3. 学生在学习知识的同时，也深刻体会到要做节约粮食的践行者	写宣传标语的活动设计让学生知行合一，将节约粮食爱护粮食的意识落实到自己的生活中，从校园开始倡导，身体力行做践行者，培养学生公共参与的学科素养

附录二 "国家财政"教学设计①

华南师范大学附属中学 黄华林

一、教学内容分析

在介绍我国个人收入分配的有关知识后，本框题教材侧重引导学生认识政府是如何参与社会分配的，即有关政府财政收入与支出的一般知识，帮助学生感受财政在我国社会经济发展中所起的巨大作用。

本框题的教材逻辑结构是：由国家必须履行好对内对外职能，引出国家必须占有和消费一定的社会财富；由国家参与社会财富分配的必要性，引出财政、国家预算、国家决算、财政的基本作用；由财政引出筹集财政收入的具体渠道和影响财政收入的主要因素；由财政引出财政支出的具体用途，进而分析财政收入与支出的对比关系。

二、学习者特征分析

佛山市顺德区第一中学地处珠三角地区，学生视野开阔，学习能力和总体素质较高，经过前面经济知识的学习，能快速掌握财政的基础知识，有能力进入较深层次的合作探究活动。财政发挥作用的案例在生活中有所体现，但学生对财政政策与经济平稳运行的关系等较专业的知识还缺乏深刻理解。因此，在教学活动设计中专门对这些知识进行了深入浅出的讲解，并让学生在合作探究中能够更好地理解和运用。

---

① 本教学设计由黄华林老师于 2017 年 11 月依据普通高中课程标准实验教科书《经济生活》制定，收入时略有调整。

三、教学目标

（1）了解财政的含义、收支渠道、我国财政支出的具体用途，理解财政是促进社会公平、改善人民生活的物质保障；懂得财政的资源配置职能；理解财政的经济稳定职能；在感悟和理解财政发挥作用的实例中增强学生的政治认同。

（2）初步掌握运用财政政策实现经济平稳运行、合理确定财政收支关系的实践能力。在分析和优化财政支出结构的过程中增强学生的科学精神和公共参与能力，关注国家与社会发展，增强主人翁意识。

四、教学重难点

财政的作用。

五、教学方法

情境教学法、专业人士进课堂、合作探究法。

六、教学手段

多媒体教学。

七、教学流程（见附表2）

附表2 "国家财政"一课的教学流程

教学环节及教学内容	教学活动		设计意图
	教师活动	学生活动	
（一）新课导入	展示背景：新四大发明与我国以高铁为代表的基础设施建设取得的成绩	无	感受国家财力的雄厚与基础设施建设取得的辉煌成就

续上表

教学环节 及教学内容		教学活动		设计意图
		教师活动	学生活动	
（二） 财政收支	【微讲解】 教师主导 深入浅出讲授	（1）讲授财政收入与支出。 （2）讲授影响财政收入的主要因素是经济发展水平和分配政策	认真听讲，做好笔记	对于远离学生生活实际的知识，由教师进行深入浅出的讲授，有效提高课堂效率，为学生的课堂参与提供保障
（三） 财政作用	【微游戏】 趣味互动 价格竞猜	（1）通过"广佛地铁"有关新闻引出地铁建设成本话题，请学生对每公里地铁建设成本进行竞猜。 （2）播放来自广州地铁的定制微视频《地铁那些事》	（1）根据教师的提示参与趣味互动价格竞猜。 （2）观看定制微视频《地铁那些事》	微游戏调动学生参与、激活课堂氛围。使学生深刻地感悟到国家财政在地铁等基础设施上的大量投入，既促进了资源的优化配置，又为人民提供了便捷舒适的出行选择，缓解了交通压力，促进了城市发展，有利于增强学生的政治认同
	【微探究】 案例分类 感悟财政作用	（1）发放【微探究】，指导各小组完成分类；选择两个小组进行分享。 （2）对小组分享进行点评，讲解财政的作用	（1）完成【微探究】。 （2）任务要求：对7个财政发挥作用的案例进行分类归纳，并阐述理由，做好发言准备	学生通过对案例进行分类归纳并思考分类理由，加深对财政发挥作用的理解，感悟国家财政在经济生活中发挥的巨大作用，有利于进一步增强学生的政治认同
	【微参与】 阅读材料 填写传导图 理解财政政策	（1）发放【微参与】，指导学生完成财政政策传导机制图填写，选择学生进行分享。 （2）对分享进行点评，帮助学生更深入地了解国家财政具有促进国民经济平稳运行的作用	（1）完成任务【微参与】。 （2）任务要求：阅读材料，结合国家财政的作用，完成财政政策传导机制图。 （3）分析企业"减税降费"是如何促进经济的平稳运行的？	通过课堂参与传导机制图的填写，学生深刻理解财政政策发挥作用的传导机制，提高对经济现象推导思维能力

续上表

教学环节 及教学内容	教学活动		设计意图
	教师活动	学生活动	
（四） 课后作业	【微思维】 析数据 提建议 优化预算结构	（1）展示我国2017年财政预算结构，指出当前的大背景：进入新时代我国社会主要矛盾变成了人民日益增长的美好生活需要和不平衡不充分的发展之间的矛盾。 （2）让学生课后完成对我国财政预算结构的优化建议	（1）我国财政预算结构如何进一步优化，以更好地满足人民群众对美好生活的需要？试提出你的建议并阐明理由。 （2）任务要求：以4人小组为单位，完成优化建议方案并说明理由	根据宏观环境和时代背景的变化，对财政预算结构进行思考和优化，有利于在数据分析中增强学生的科学精神和公共参与能力

附录三 "科学立法"教学设计①

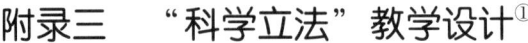

华南师范大学附属中学 李 鹃

一、教学内容分析

本课是必修三《政治与法治》第三单元"全面依法治国"第九课第一框内容，科学立法是全面依法治国的前提，是法治中国建设的重要环节。本框内容是全课的逻辑起点，与后三框内容一起构成了全面推进依法治国的基本要求。

本课主要探究了科学立法的内涵、基本原则和推进措施。科学立法要尊重和体现社会发展的客观规律，不断提高法律的质量。实现科学立法必须依法立法，充分发扬民主，合理设定权利与义务、权力与责任。本课从不同角度阐释科学立法的相关内容，引导学生准确、系统地理解科学立法，把握公民参与立法的重要意义，进而自觉提升法治意识和观念，并主动参与立法，为国家立法建言献策。

二、学情分析

（1）心智特征。

本课的教学对象为高一学生，学生思维比较活跃，热爱思考、乐于参与，具备一定的自主学习、商议讨论和思考分析的能力。学生对于日常生活中的法律事件、法律常识具有较为浓厚的兴趣，愿意主动了解相关法律、接受法治教育。但学生心智发展总体尚不成熟，处于感性向理性过渡的阶段，较缺乏对相关法治问题的科学判断和理性思考。

———————————

① 本教学设计收入时略有调整。

（2）认知结构。

当代高中生视野开阔、知识面较广，加上有初中对《道德与法治》的学习，因而对全面依法治国有一定的了解，具备相应的法律基础，对公民参与立法的途径和意义有所认识。但是，对科学立法的全面系统认知还不足，对各类立法事件、过程等信息进行整合的能力还较为欠缺，法治观念和参与能力还有待提升。

因此，需要教师开展活动型、思维型课程，选取合适的情境材料，通过议题讨论和思辨总结，将理论知识与实际情境相结合，引领学生观察、辨析、反思和实践，通过知识的建构、问题的启发、思辨能力的培养等方式帮助学生深度学习，将感性材料生成理性认知，进而转化为实践行动。

三、教学目标

（1）通过参与相关立法实践活动，理解科学立法的内涵及对全面依法治国的重要意义，归纳科学立法的基本要求。

（2）探究公民参与立法的途径和意义，明确推进科学立法、民主立法、依法立法，以良法促进发展、保障善治的意义。

（3）理解并认同公民依法行使民主权利的制度，自觉增强法治意识和观念，提升有序公共参与的素养和能力，为国家立法建言献策。

四、学习重点与难点

学习重点：把握推进科学立法的要求，领悟科学立法对全面依法治国的重要意义。

学习难点：理解科学立法的内涵，感受公民参与立法的途径和意义。

五、教学设计思路（见附图1）

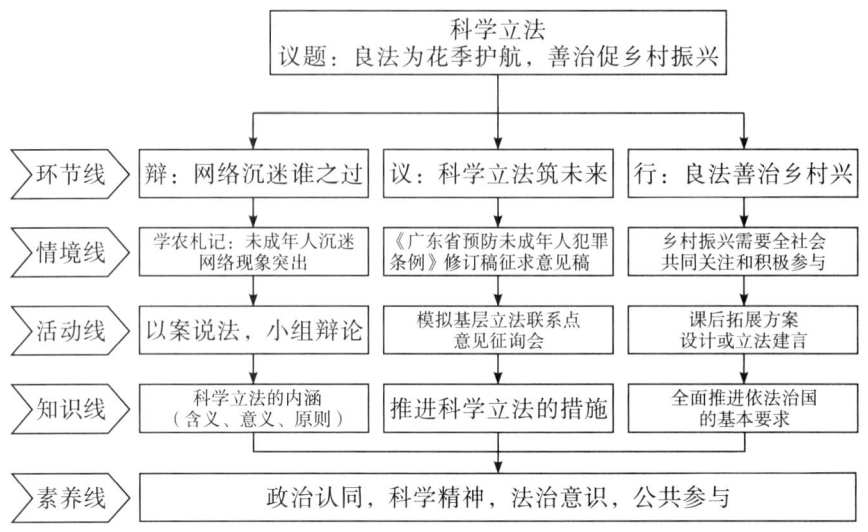

附图1 "科学立法"的教学设计思路示意图

六、教学流程（见附表3）

附表3 "科学立法"一课的教学流程

教学内容	教学活动		设计意图
	教师活动	学生活动	
（1）课前自主学习	教师制作《高中生法治意识》调查问卷，课前要求学生填写。 设计导学案，引导学生对本课内容预习，并搜集相关资料拓宽知识面	学生根据自身实际填写调查问卷，做出有效反馈。 结合导学案，对教材进行预习，利用网络、报纸、期刊等渠道搜集了解我国立法的相关知识	通过小调查测量学生法治认知水平，把握学生对立法流程、公民参与立法途径等方面的了解情况，把握真实学情，有利于设计更符合学生实际的议题活动，提高课堂学习效果。引导学生根据导学案预习教材内容，搜集整理相关资料，调动学生自主学习、主动思考，为开展课堂活动打下良好的基础

续上表

教学内容		教学活动		设计意图
		教师活动	学生活动	
（2）课堂思维活动	环节一：互动导入	教师展示学长学姐参加农村劳动教育活动照片和学农札记短视频。 视频内容："农村孩子小明沉迷网络游戏、短视频，并进行大额游戏充值和打赏……" 提出问题：小明的游戏充值、直播打赏，能否追回？怎样追回？如何避免此类事件再次发生？引出防治网络沉迷责任主体问题	观看学长学姐参与农村劳动教育活动图片和学农札记的内容，思考并与教师进行互动。 结合《民法典》相关参考资料以案说法，提出解决思路和法律依据，领会法律法规在生活中的作用	将乡村振兴、学农劳动教育作为大议题背景，体现"五育并举"的设计理念。教师展示在农村实践活动照片，用本地素材吸引学生兴趣，拉近教师与学生的距离。选取农村调查中发现的小明沉迷手机网络等真实情境，借助短视频播放，调动学生快速进入议学情境。 通过以案说法，带领学生关注现实社会问题，既调动学生主动参与课堂，也具有进行现场普法，引导学生认同法治的作用，提升学生法治意识

续上表

教学内容		教学活动		设计意图
		教师活动	学生活动	
（2）课堂思维活动	环节二："辩"——网络沉迷谁之过	围绕"网络沉迷谁之过？如何解？"的话题，展示"监护人应负主要责任""网络平台应负主要责任"两种观点，组织学生进行辩论。 教师板书辩论中的典型论点、论据，辩论之后，引导学生进行结构化问题探讨：怎样化解各方意见争端，使各方明晰主体责任，实现常态化治理？在立法中，如何正确对待各种群体提出的不同意见？等等。 引出科学立法的内涵、意义、原则	学生进行小组商议，选择支持的观点，围绕话题陈述主张，并进行辩论、补充、点评。 辩论后，通过与教师互动，总结思考科学立法的重要性，以及科学立法在立法方向、立法实效和立法方法等方面要坚持的原则	承接导入环节，针对农村孩子沉迷网络问题，带领学生探究责任主体和解决之道。借助观点冲突的议学情境，组织小组合作、开展辩论，发挥学生主体作用，激发学生主动思考探究的积极性，通过观点展示、辩论和点评，体现教学评一体化。 在观点产生分歧的基础上，教师通过问题链，引出科学立法及其重要意义，并带领学生形成对科学立法原则的思辨性总结，有效突破教学重难点，自然引入下一议题"推进科学立法"

续上表

教学内容		教学活动		设计意图
		教师活动	学生活动	
（2）课堂思维活动	环节三："议"——科学立法筑未来	展示有关未成年人保护、防治网络沉迷的法律法规，让同学们辨别它们的立法主体，带领学生了解我国有立法权的国家机关。引出《广东省预防未成年人犯罪条例》修订草案修改稿公开征求意见的信息，要求学生梳理公民反馈意见的途径。介绍基层立法联系点这一新型公民参与立法途径，模拟举办基层立法联系点意见征询会，组织学生对前述征求意见稿条款进行意见表达，并进行互评和教师点评	与教师进行互动，认识我国立法主体，以及公民参与立法的多元化渠道。参与模拟基层立法联系点意见征询活动，从该条款是否科学管用、权利和义务设定是否合理等角度，进行意见表达，并提出相关完善意见。学生相互之间补充、点评	模拟举办基层立法联系点意见征询会，发挥学生主体作用，启发学生评价条例草案并思考如何制定合理的法律内容，从而理解立法过程中应合理设定权利与义务、权力与责任，实现对所学知识的迁移和运用。设置组间互评和教师点评，体现教学评一体化设计。通过全员参与情境体验，让学生真切、全面地感受基层立法联系点践行全过程人民民主的魅力，增强对我国公民依法行使民主权利制度的认同和公共参与的兴趣

续上表

教学内容	教学活动		设计意图
	教师活动	学生活动	
（2）课堂思维活动	环节三："议"——科学立法筑未来	意见征询活动后，现场连线课堂 AI 助教进行人机互动对话，听一听人工智能如何看待征求意见稿相关条款内容，同时提醒学生合理使用人工智能。 随后，展示最终公布的相关条款内容，并围绕该内容设置结构化问题，引导学生全面总结推进科学立法的措施	现场提问，与 AI 助教互动对话，结合活动参与和教师点拨，在一系列问题的引导下总结回答： 科学立法要坚持党的领导、贯彻习近平法治思想，坚持依法立法，充分发扬民主，合理设定权利与义务、权力与责任	本活动与前一个活动层层递进，呈现结构性、序列化特点，让学生在教师引导点拨下形成理论性总结，促进思维整体化、结构化，突破本课重点。 使用 AI 助教进行互动对话，是本课设计的一大亮点，体现了现代信息技术融合课堂教学、数字赋能思想政治课教学，也引导学生学会正确运用人工智能为学习生活赋能，丰富法治知识，提升法治素养
	环节四："行"——良法善治乡村兴	布置课后拓展作业，分别是方案设计、立法建言（二选一）。 方案设计：为推动《广东省预防未成年人犯罪条例》在乡村的实施，从执法、司法或守法选取一个角度，开展项目式研究，制定实施方案。 立法建言：开展农村社会调查，参与"我为乡村振兴立法建言"活动	根据自己情况选择其中一个作业，为"三农"发展、乡村振兴出谋划策	制定实施方案，引导学生理解全面推进依法治国是一项系统工程，立法是基础环节，还需要执法、司法和守法的推动，迁移到下一课时内容。立法建言则是迁移运用本节课所学知识，引导学生主动关注农村社会发展，增强法治意识，促进公共参与

续上表

教学内容	教学活动		设计意图
	教师活动	学生活动	
（2）课堂思维活动	环节五：课堂总结，素养升华	运用思维导图构建知识体系，展示"立法直通车"形象图，要求学生完成留白部分。 最后，教师介绍自己的农村实践故事，鼓励同学们关注农村，积极为乡村振兴立法建言献策，用良法为孩子们的花季保驾护航，用良法助力乡村的全面振兴	构建本课知识体系，书写"立法直通车"形象图留白部分。 跟随教师最后的总结，增强理想信念，内化于心、外化于行	思维导图可视化知识体系，帮助学生系统化必备知识，"立法直通车"形象图契合本课主题，突出本课重点。教师结合自己的故事进行总结，号召同学们关注三农、参与农村社会调查，为乡村振兴立法建言献策，引领学生树立法治意识、增强公共参与，凸显教师身正为范、课堂"五育并举"等核心价值，落实立德树人根本任务

七、板书设计（见附图2）

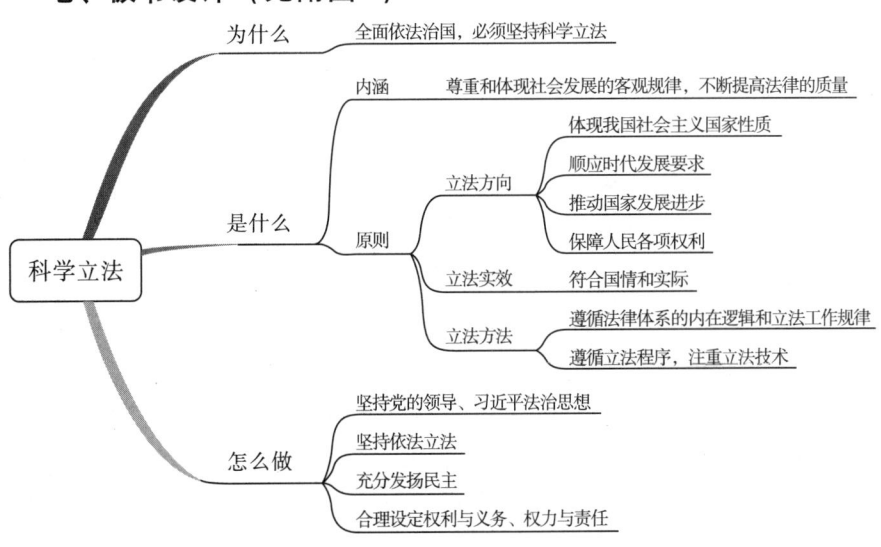

附图2　"科学立法"的板书设计

八、作业与拓展学习设计

学生根据自己的兴趣，二选一：

（1）方案设计：法的生命力在于实施，推动《广东省预防未成年人犯罪条例》在乡村的贯彻落实，需要全社会的力量。请从执法、司法或守法选取一个角度，开展项目式研究，制定实施方案。

（2）立法建言：登录国家法律法规数据库、广东人大网等网站，查询了解更多法律法规或正在征求意见的法律草案，进行农村社会观察和调查，参与"我为乡村振兴立法建言"活动，形成书面内容，在线提交对相关法律法规草案的意见、建议。

九、特色学习资源分析、技术手段应用说明

本课采用多媒体视频、社会调查照片、《中华人民共和国民法典》、《广东省预防未成年人犯罪条例》、国家法律法规数据库等资源素材，借助 AI 助教人机智能对话等信息技术手段，体现了数字赋能课堂教学，信息技术与思想政治课堂深度融合。

本课采用议题式教学法、启发式教学法，创设活动型、思维型课堂，通过以案说法、辩论讨论、模拟基层立法联系点意见征询会等活动，坚持学生主体和教师主导，推动学生自主活动、合作探究，实现教学评一体化。

十、教学反思与改进

本课立足乡村振兴大背景，根据学生参与农村社会实践真实情境创设议题，坚持"五育并举"。发挥教师主导、学生主体作用，开展一系列结构化的议学活动，如课前进行问卷调查、资料搜集，课堂开展以案说法、辩论讨论、模拟基层立法联系点意见征询会活动，并设置课后农村社会调查、立法建言等活动，每次活动都设置过程性评价，做到教学评的一体化。

在课堂活动设计中，要注重处理好活动与学习内容的关系，通过引导学生参与课堂活动落实学习目标，加深对学科知识的理解，培养思辨和表达能

力，注重课堂的生成和政治认同、科学精神、法治意识、公共参与等学科核心素养的落地。

为确保课堂活动的顺利开展，要发挥教师主导作用，加强学情把握，跟踪学生课前自主学习，为课堂活动打下良好基础；要优化情境素材的选取，优化学习任务，准确把握问题导向，增强学生能力可及性。同时，明确学科任务，处理好课堂各环节活动的时间、及时关注议题活动的讨论方向并注意引导学生围绕问题进行发言分享。

此外，要注意相关多媒体等技术设备条件的可操作性，提高课堂活动的流畅度，以达到理想的效果。

附录四 "用联系的观点看问题"教学设计①

深圳科学高中 岳 川

一、课标内容要求

描绘世界是普遍联系的，领会发展地看问题的意义。

二、教学内容分析

"用联系的观点看问题"在微观上是对上一框题"世界是普遍联系"的延续，宏观上既为理解运动、发展提供了方法论的指导，也是解开唯物辩证法奥秘的关键钥匙。因此，学好本框可为学好唯物辩证法的其他观点打下良好的基础，也为青年学生正确处理好个人与他人、个人与集体、个人与社会的关系提供重要方法论指导。

三、学习者特征分析

思维层面：高二学生的认知水平和思维特点正处于感性认识向理性认识发展阶段，形象思维比较强，抽象思维在逐步发展。

生活层面：学生有着较为开阔的信息获取来源，对当今中国的宏伟巨变有着敏锐的观察力。

知识层面：学习了前两个单元之后，学生初步掌握了运用唯物论和认识论的观点去认识和分析问题的方法，具备了一定的哲学知识基础。

---

① 本教学设计由岳川老师于 2017 年 11 月依据普通高中课程标准实验教科书《生活与哲学》制定，收入时略有调整。

四、教学目标

（1）识记和阐释整体与部分的辩证关系，理解系统的基本特征及其各自的方法论，树立整体意识，培养全局观念，坚持用系统优化的方法，统筹考虑，优化组合，培育科学精神。

（2）能够结合实例说明如何统筹全局，用系统优化的方法，选择最佳方案，更好地认识和解决生活中的实际问题；提高公共参与意识，更加坚定的理解和认同当今中国正在发生的深刻变化和已经起步的崛起之路，达成政治认同。

五、教学重难点

教学重点：整体与部分辩证统一的关系及其方法论、系统的基本特征。
教学难点：掌握系统优化的方法。

六、教学设计思路（见附图3）

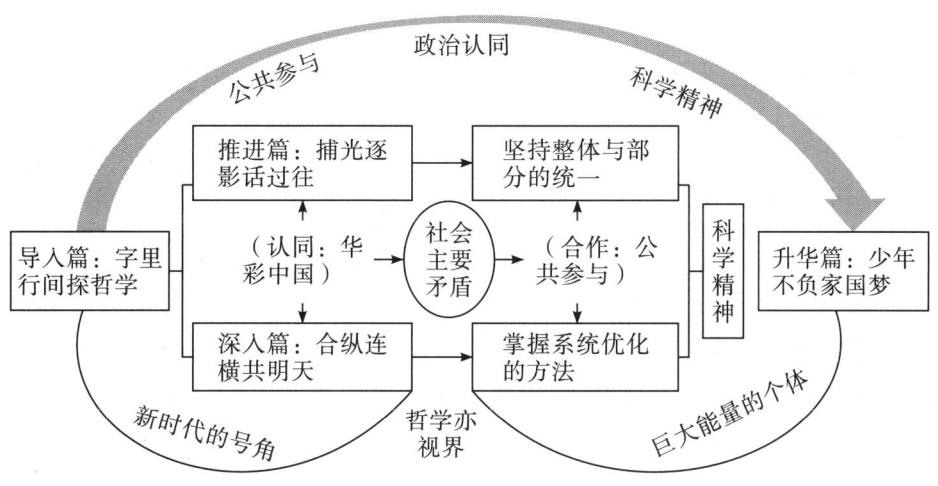

附图3 "用联系的观点看问题"的教学设计思路示意图

七、教学过程

（一）新课导入

【情境创设】在哲学家眼里，再小的东西也不会显得微不足道，其背后一定都暗藏着某些玄机。

【活动探究】小游戏"字里行间探哲学"。

学生通过合作探究，观察视频里文字间的隐藏信息（见附图4、5），找出藏在字里的"两层玄机"。

【探究总结】第一层玄机：这些看似毫不相干的汉字，只要你找对它们之间的关联，它们就会迅速组合成一个有着特殊内涵的整体，而这种去发现事物之间的关联的思维方法，就叫作"用联系的观点看问题"，也就是我们今天将要深入学习的内容。第二层玄机：这些成语有没有似曾相识？它们都是这一个月来中国媒体上的高频词汇，全部摘录自党的十九大报告。对今天的中国而言，它们并不只是简单的几个成语。它们是一段音符，吟唱的是昨天的流金岁月；它们更是一段旋律，奏响的是明天的盛世凯歌。

附图4　字里行间探哲学　　　　　　　　附图5　高频词汇

（二）讲授新课

捕光逐影话过往

【情境创设】党的十九大报告反复强调，新时期的中国，要承前启后，继往开来，这就要求我们必须清晰地认识过去，才能更好地看清未来。认识过去的方式有很多种：可以有画面的记录，也可以有文字的叙述，而教师结合过去几年里发生的事情，填了一首词，叫作《江城子·回望》。

江城子·回望

过去几年不寻常，励革新，图自强。

打虎拍蝇，贪腐路彷徨。

简政放权出重磅，小政府，大市场。

华尔证券，民企露锋芒。

神州航母齐争光，再回首，泪两行。

各行工匠，英雄气概彰。

莫问前路多艰辛，吾国梦，道虽长。

五湖四海，少年当自强。

【合作探究】假如你为我国某一区域拍摄一部纪录片，请就该地区在历史和现实的发展中对中国所做出的贡献选择3个拍摄角度，并把手中的"小人"粘贴在地图上。每小组有3分钟时间讨论，并派出小组总导演进行1分30秒的陈述展示。

任务细则：

（1）请小组商议10秒后，派遣一位代表到地图前来任选一个你认为对中国经济发展做出卓越贡献的片区。

（2）假如你要为该区拍摄一部纪录片，请就该地区在历史和现实中对中国发展所做出的贡献选择3个拍摄角度，并说明理由。

（3）每小组有3分钟时间讨论，并派出总导演进行1分30秒的展示。

【探究展示】各拍摄小组选择拍摄区域并选派代表发言。

【探究总结】学生截取的拍摄角度，反映了该地区发展状况，并且每个地区都在中国历史和现实发展中起着不可或缺的作用。无论从横向的地域，还是纵向的时间进程，其体现的"中国"和"各地区"之间这种关系的形式，在哲学上称之为整体与部分的关系。其中，"国家"作为整体，统率着"地区"，具有"地区"所不具备的功能，代表各部分在国内和国际行使主权。每一个"地区"又都是"中国"这一整体中的部分，"地区"的发展又影响着"国家"的繁荣。此外，在这个整体中，又总有那么一个地区或时间段在中国的全局和发展全过程中，发挥着决定性作用，那么这个地区就叫作整体中的关键部分。这种整体与部分关系的认识，要求我们要树立全局观念，立足整体，同时也重视局部作用，搞好局部。

【知识回归】（见附表4）

附表4　　"整体"与"部分"的知识点归纳总结

	比较项			方法论
区别	知识点	整体	部分	树立全局观念，立足整体
	含义	全局或全过程	局部或各阶段	
	数量	一	多	
	地位	主导或支配	服从和服务	
联系	知识点	整体	部分	重视局部作用，搞好局部
	构成	由部分构成	离不开整体	
	功能	相互影响	关键部分影响	

合纵连横共明天

【情境创设】党的十九大给新时代中国的发展提出了一个全新的命题，那就是新时代中国社会的主要矛盾已经变成了：人民日益增长的美好生活需要和不平衡不充分的发展之间的矛盾。而这个矛盾从同学们对自己代言地区的选择中，已经可见一斑。比如：对于那些欠发达的地区，我们不得不承认在某种意义上它的发展相对于中国的整个格局来讲是不平衡的，即使是那些大家心目中的热门地区，它的发展也不是完全充分的。在新时代号角之下，我们该如何才能既着眼中国的发展全局，又把各个地区联系起来考察，统筹考虑，优化组合，共同推动中国的发展再上新台阶呢？

【合作探究】每个小组为自己在上一轮选择的地区中挑选一个能互帮互助的合作伙伴，以解决各自发展中存在的"不平衡不充分"问题，为突破中国社会的主要矛盾发挥最大力量。每小组有3分钟时间讨论并选派代表发言。

【探究展示】各合作小组派代表展示自己的研究成果。

【探究总结】这种注重各个部分之间的链接，从而助力整体发展的思维方式，就是整体与部分关系的升级版——系统与要素。在这个系统中，各个部分之间的联系是否合理与充分，各个部分的发展秩序是否科学而有效，将直接关系到系统整体功能的发挥。若各个要素或局部之间能够相互协调，有序组合，则能发挥出1+1>2的功能，使整体大于部分功能之和；反之，则小于部分功能之和。这就要求我们用综合的思维方式来认识世界，既着眼于系统的整体性，又要把各个部分、各个要素联系起来考察，统筹考虑，优化组合，形成关于这一事务的完整准确的认识（见附表5）。

附表5　"系统"与"要素"知识点归纳总结

知识点	基本特征	方法论
系统与要素	整体性	着眼于系统整体性
	有序性	内部结构的有序性
	内部结构 优化趋向	内部结构的优化趋向

【知识回归】（见附图6）

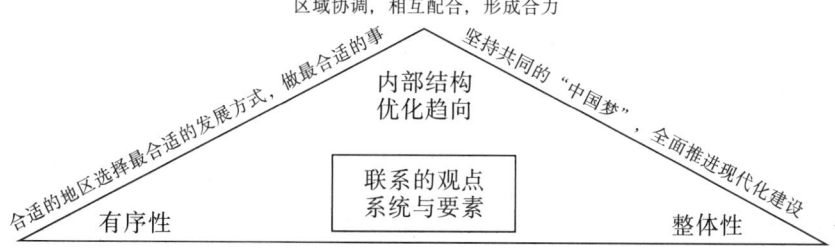

附图6　"联系的观点"及"系统与要素"

少年不负家国梦

【情境创设】整体与部分的统一，系统与要素的联系，可以大到一个国家和一个时代，也可以小到你、我的血肉之躯。下面，我们来一起做一个课堂版的"思维实验"，感受触手可及的整体与部分、系统与要素的关联——

·你由13个主要器官系统构成

·这13个系统，又可以分为78个器官

……

·你的身体即是星辰大海！

【总结升华】是的，如果你此刻和我一样，也为自己体内所蕴藏的能量所深深震撼，那么你该思考这样一个问题：我们要怎样才能不辜负这如星辰大海一般的生命？这个问题，100年前爱因斯坦曾经为我们回答过，他说：每个人只有投身于自己的时代，才能找出那短暂而有风险的生命的意义。而今天，我们一直在感受着：一个伟大的时代正在来临，一场波澜壮阔的征程已经起航。我们何其有幸生活在这个复兴的时代，我们势必携手共赴这个伟大的征程，因为，只有我们每个个体共同汇聚的星光，才能点亮这片荣光万里的土地，书写出一个光芒万丈的中国！这是时代赐予你们的机遇，更是时代赋予你们的使命，祝你好运，少年！

（三）课堂小结（见附图7）

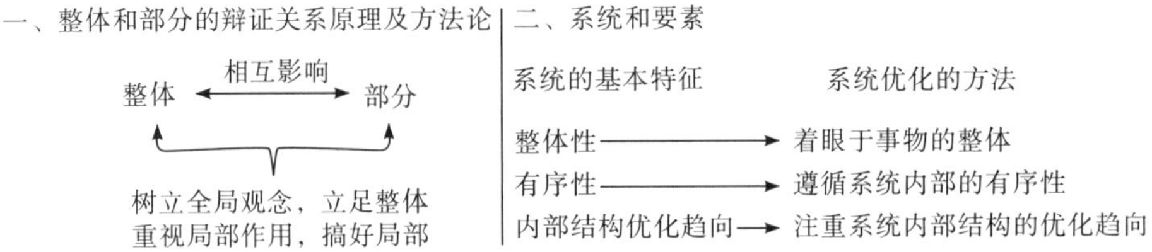

一、整体和部分的辩证关系原理及方法论

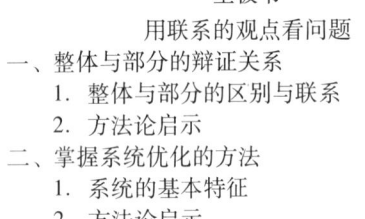

二、系统和要素
系统的基本特征　　系统优化的方法
整体性 ⟶ 着眼于事物的整体
有序性 ⟶ 遵循系统内部的有序性
内部结构优化趋向 ⟶ 注重系统内部结构的优化趋向

附图7　"用联系的观点看问题"课堂小结示意图

（四）板书设计（见附图8）

主板书　　　　　　　　　　　　　　　副板书

　　　用联系的观点看问题
一、整体与部分的辩证关系
　1. 整体与部分的区别与联系
　2. 方法论启示
二、掌握系统优化的方法
　1. 系统的基本特征
　2. 方法论启示

附图8　"用联系的观点看问题"的板书设计